U0692138

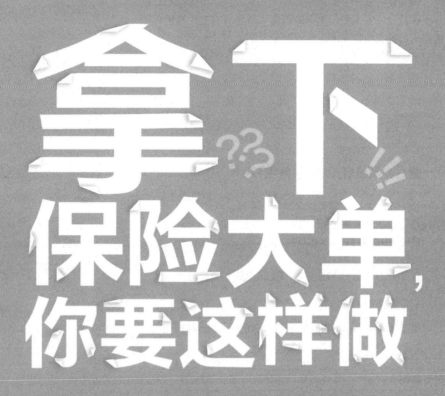

拿下

保险大单，
你要这样做

杨静／

／著

中国纺织出版社有限公司

国家一级出版社
全国百佳图书出版单位

内 容 提 要

本书用通俗的语言和典型的案例带领读者从销售理念养成、销售技巧运用、销售能力提升三大方面学习保险销售的方法和技巧。本书专门为保险销售人员量身打造，帮助保险销售人员提高销售水平，拿下保险大单。

图书在版编目（CIP）数据

拿下保险大单，你要这样做 / 杨静著 . -- 北京：
中国纺织出版社有限公司，2021.6（2025.1重印）
ISBN 978-7-5180-8457-9

Ⅰ . ① 拿… Ⅱ . ① 杨… Ⅲ . ① 保险业务—销售 Ⅳ .
①F840.41

中国版本图书馆 CIP 数据核字（2021）第 052470 号

策划编辑：刘　丹　　责任校对：寇晨晨　　责任印制：何　建

中国纺织出版社有限公司出版发行
地址：北京市朝阳区百子湾东里 A407 号楼　　邮政编码：100124
销售电话：010—67004422　　传真：010—87155801
http://www.c-textilep.com
中国纺织出版社天猫旗舰店
官方微博 http://weibo.com/2119887771
天津千鹤文化传播有限公司印制　各地新华书店经销
2021年6月第1版　　2025年1月第6次印刷
开本：710×1000　1/16　印张：14
字数：197千字　定价：49.80元

凡购本书，如有缺页、倒页、脱页，由本社图书营销中心调换

序 言

　　1949 年 10 月 20 日，我国第一家全国性大型综合国有保险公司——中国人民保险公司在北京成立，保险业随之开始复苏，一时之间，大批人成为保险代理人。时至今日，我国保险代理人已经超过 800 万，这一庞大队伍成为金融业的一大奇迹。

　　然而，保险业是一个不太讨好的职业，受传统思维的影响，人们对于保险往往带着一种排斥的情绪，所以保险代理人经常会被人质疑、拒绝或嘲讽。那么，在这种环境之下，为什么还有源源不断的血液注入保险业呢？

　　首先，保险业作为金融界的三驾马车之一，在经济方面起着不可估量的作用；其次，在经济高速发展的良好条件下，中国保险业就像一条腾飞的巨龙，正在不断发展壮大；最后，随着海归、博士生等高素质人才的加入，中国保险代理人的形象发生了翻天覆地的改变。

　　再者，21 世纪之后，保险代理人迎来了保险创业时代。随着独立代理人、保险经纪人的兴起，保险代理人已经成为创业者，迎来了职业的春天。

　　也可以说，保险就是一个需要时间沉淀的伟大行业，任何够努力的人都可以在这里拥抱希望，发出和医生、教师等职业一样光鲜亮丽的光芒。

　　不过，好酒需要酝酿才能醇香芬芳，保险代理人也需要实践的历练和经验的沉淀才能有一个质的提升。为此，本书针对保险代理人，从保险销售理念、保险销售技巧和保险销售能力三个方面讲述提升销售业绩的方法。

　　第一部分保险销售理念养成篇，主要包括三部分内容。

　　第一，任何事情都有目的可言。保险代理人首先要知道自己为什么卖保险。随着中国保险市场的蓬勃发展，以及 21 世纪保险代理人建立的专业、诚信、高素质的新形象，保险代理人这一职业变得更加有价值。

第二，有需求才有购买。保险代理人只有知道客户为什么买保险，换句话说就是，客户购买保险的需求是什么，才能为其推荐合适的保险产品，进而促成订单。

第三，销售是一门学问。要想顺利将保险产品销售出去，保险代理人应当掌握基本的保险知识，比如保险销售的专业术语、销售渠道等。此外，保险代理人还要学会帮助客户弄清保险计划书和保险合同的相关内容，进而顺利签单。

第二部分主要讲述在整个销售过程中，保险代理人应该怎样运用销售技巧与客户沟通，并成功将保险产品销售出去。

保险代理人销售产品时，面临的第一关就是拜访客户，如何处理突发情况。很多销售员在拜访客户时，总喜欢喋喋不休地对客户讲解产品，完全不顾及客户的感受。这种单方面销售策略对客户起不到什么作用。要想吸引客户，保险代理人不妨针对不同的客户，采取不同的话题激发客户的兴趣。当你和客户能够谈笑风生时，还怕客户会冷冰冰地抗拒你的产品吗？

当然，单单谈天说地是完不成签单任务的，保险代理人若想拿下客户，还要学会挖掘客户需求。正所谓"量体裁衣"，只有知道客户喜欢什么样的产品，适合什么样的产品，你才能够对症下药。

另外，优秀的保险代理人懂得运用一些小技巧，从而提升沟通的效率。比如在重要的日子里，为客户准备一些小礼品；使用适当的话语赞美客户；利益至上，说一些客户能看得到的实惠等，这些都能成为与客户沟通的利器，帮助你更快地拿下订单。

还有一点就是如果客户产生异议，保险代理人应该如何应对。购买保险时，客户总会出现诸如没需求、拖延、拒绝续保等异议，针对这些情况，本书在第九章详细介绍了各种异议处理的方法和技巧。学会这些方法和技巧，保险代理人在应对异议时一定能达到事半功倍的效果。

第三部分是销售能力跃迁篇，这部分主要针对签单、售后服务和大额保单这三方面的问题，讲述了提升保险销售员销售能力的技巧和方法。

一是高效签单的方法。很多保险代理人都有过这样的经历，自己费尽心思地讲了大半天，客户总是因为各种理由，犹犹豫豫不肯签单。面对这种困境，保险代理人常常手足无措。其实签单并不像想象中那么复杂，保险代理人可以试着主动出击，利用一些小技巧"逼"客户一把，迫使客户"乖乖就范"，签下保单。

二是售后服务需要注意的事项。售后服务是保险销售的重要环节，所以保险代理人需要认真对待。不论是理赔、退保，还是其他售后问题，保险代理人都要帮助客户处理好，这样才能赢得客户信赖，进而获得更多的客户。

三是大额保单的应对技巧。大额保单是人人都想要的保险产品，无论是对于客户还是对于保险代理人来讲，大额保单的价值都非常高。因此，保险代理人要想在保险业有所突破，还需要掌握大额保单的成交技巧，这样自己的销售能力才会得到极大提高。

本书的另一个特点就是，附录部分结合保险代理人日常会遇到的各种情景设计了36种常用情景案例和话术模板，保险代理人可以通过这些情景，迅速找到销售过程中存在的问题及解决办法，进而高效达到销售目的。

总而言之，这是一本务实的保险销售工具书，提供了很多专业的销售技巧，能有效帮助保险销售员提高销售水平。但由于编写时间有限，本书难免存在不足之处，在此望各位读者见谅。

杨静

2020 年 12 月

目 录

Contents

◆

◆ 第二部分　保险销售技巧运用篇

第一部分
保险销售理念养成篇

1

| 第一章 | Chapter 1

我为什么要卖保险

◎ 腾飞中的中国保险业

> **内容简析**
>
> 　　我国保险业自发展以来一直是国民经济的一大支柱，其发展前景非常广阔，因此又被称为朝阳行业。保险是人们最可靠的保障，是求职者不朽的港湾。未来，腾飞中的中国保险业，必将光芒万丈。

　　2017 年 11 月，中国政府金融管理机构在中美元首北京会晤经济成果吹风会上表示，中国将向外国投资者开放中资金融机构的控股权。其中包括开放保险业，三年后我国会将单个或多个外国投资者投资设立经营人身保险业务的保险公司的投资比例放宽至 51%，五年后其投资比例不受限制。

　　简单来说，这则消息表明 2020 年之后，外资也可以控股中国保险公司，而在 2022 年之后则可以随便投资了。我国这一举动对中国保险业的格局，特别是寿险行业，必将是一个重大的变化，甚至可以称为保险业的大爆炸时刻。

　　因为就目前而言，中国的寿险公司中只有一家外商独资公司，其他外资保险公司都是中外合资，并且大多数都是中方控股的公司，这样的格局显然让保险业无法在市场上放开手脚。不过时过境迁，今非昔比。

其实，中国保险业的"狼"并不是第一次来。从中国保险业发展之初到现在，"狼"已经来过 3 次，并且每一次我国的保险业都得到了发展和壮大。

第一次"狼"来是在 1992 年，美国友邦保险首次进入中国市场，友邦的加入加速了我国保险市场的成长。比如在友邦到来之前，上海市全市的人身险年保费收入只有 5.6 亿元，而 1993 年却高达 17.1 亿元，仅用 3 年就翻了 3 倍。

第二次"狼"来是在 1996 年，随着我国第一家中外合资寿险公司成立，中美合资的太平洋安泰、中德合资的安联大众等中外合资公司相继开业，掀起了保险市场的小高潮。

第三次"狼"来是在 2001 年，中国加入 WTO，中国金融业打开了对外开放的大门。此后十多年内，我国保险业一路高歌，中资险企业和外资险企业都得到了很大的发展。

截至 2018 年，我国的保险公司已经超过 200 家，其保费收入超过 3800 亿元。有关专家经过数据研究预计，在未来，中国保险业将会继续引领全球保险市场逐步增长，并且在未来 10 年，中国的保费规模将会以每年 14% 的速度继续增长。由此可以看出，中国保险业的前路非常广阔。

关键在于，现在我国政策扶持力度很大，我国保险业的潜力巨大，前途无量。

第一，我国对保险业的重视已经达到了前所未有的高度。国务院发布的"国十条"明确将保险服务业当作了国家战略。可以说保险将会融入人们的日常生活，我国将进入"人人懂保险、买保险、用保险"的新纪元。

第二，全国保险公众宣传日加深了保险对人们的影响。为了不断提高社会公众的保险意识，中国银保监会在 2013 年将每年的 7 月 8 日确定为全国保险公众宣传日，由此可见国家对保险的重视。

第三，保险已经走进中小学课堂。国家为了提升全社会的保险意识，已经将中国银保监会和社会科学院等单位联合组织编写的《保险伴我一生》读本引入校园。从娃娃开始普及保险教育，开启了保险行业的新时代。

第四，斥巨资打造公益公告。除了中小学课本之外，中国保险业协会还投资亿元制作保险公益广告，并在央视黄金时段播出。这不仅体现了国家对保险行业的重视，更深化了保险对人们的作用。

此外，我国在保险行业监管方面设立了一系列有效措施，进一步提高了保险行业的地位。

其一，我国的金融监管格局已经从原来的"一行三会"（人民银行、银监会、证监会和保监会）升级成了"一委一行两会"（金融稳定发展委员会、人民银行、证监会和银保监会），提高了我国金融监管的权威性和有效性。

其二，我国金融管理机构对保险行业的监管尤为严格。比如《中华人民共和国保险法》第八十九条第二款规定："经营有人寿保险业务的保险公司，除因分立、合并或被依法撤销外，不得解散。"

也就是说，法律规定人寿保险公司是不能宣布倒闭的。而且就算保险公司真的破产了，银保监会也会另择其他保险公司，继续管理该保险公司的业务，这表明保险代理人这一职业永远都不会失业。

其三，最新修订的《外资保险公司管理条例》规定，外资保险公司解散、依法被撤销或者被宣告破产的，未清偿债务前，不得将其财产转移至中国境外。换句话来说就是，即便我们是在外资保险公司工作，也无须担心外资公司卷款出境。

总之，不管从哪方面来说，保险业都是我国市场上一条正在腾飞的巨龙，其就业前景和发展前景十分辉煌！

◎ 800万名中国保险代理人的新形象

内容简析

保险代理人是保险行业行走的名片，保险代理人的形象就是保险业的形象。进入新时代之后，保险代理人不断展现专业、诚信、高素质的形象，传递行业的正能量，让保险代理人这一职业变得和医生、教师一样光鲜亮丽，受人尊敬。

改革开放之后，保险业开始复苏，大批人蜂拥而至，致力于保险营销。一时之间，保险代理人也成为很多大学生向往的职业。

很多人开玩笑说，如果你的身边没有几个卖保险的，就说明你的交际圈不够广。由此可见，庞大的保险代理人队伍已经走进千家万户，成为中国的特色行业之一。

时至今日，中国保险代理人已经高达 800 万多名。根据《2018 年中国保险中介市场生态白皮书》的数据显示，2017 年我国寿险的保费收入总额达到了 2.6 万亿元，其中超过 60% 的收入都是保险代理人完成的。

不过，保险代理人职业虽然家喻户晓，但是它的名声并没有那么光鲜亮丽。保险代理人的社会地位和职业形象与保险代理人的重要作用形成了鲜明的对比。其中最主要的原因就是我国对保险代理人的要求很低，几乎所有人都能成为保险代理人。因此，在庞大的保险代理人队伍中，很多人都不懂保险的基本知识，从而拉低了保险代理人的地位，导致很多人对保险产生深深的误解。

近年来，随着互联网和经纪代理公司的崛起，保险市场变得越来越透明化，保险代理人的形象也发生了翻天覆地的转变。尤其是新时代的保险代理人，他们的形象逐渐刷新了人们对保险的认知。

2019 年 8 月 25 日，《保险业超级演说家》登上电视舞台，一批来自全国各地的保险精英化身舞台上耀眼的演说家，展示了他们的无限魅力和才华。在这支特殊的队伍中，有不少保险代理人都是博士生、优秀海归等高素质人才。

比如名校研究生王晨劼本来打算按部就班地读完名校博士，然后去企业找一份光鲜亮丽的工作。然而，当她看完一本职场的书后，思想发生了巨大的转变。她发现自己正在一条不喜欢的道路上随波逐流，并且已经被其他在职场的老同学逐步积累的职场经验远远抛离。

于是，王晨劼毅然决然地从博士课程中退学，成了一名保险代理人。后来，她仅仅用了 4 年的时间，就从一名代理人做到主管，再到现在的近百人团队的总监，真正实现了年薪百万不是梦的梦想。

无独有偶，曾经被评为"中国大学生年度人物"和"浙江省十佳大学生"的张苗苗也有类似的经历。张苗苗曾经就读于英国爱丁堡大学，并且荣获"全英商务谈判大赛冠军"，可以说是一位极其优秀的海归。

但张苗苗毕业后，不顾身边的看法，坚定地选择了保险行业。经过几年的锻造，她在保险行业创下了属于自己的辉煌战绩，用专业、理性和诚信的服务赢得了身边人的尊敬和崇拜。

随着王晨劼、张苗苗这样的高素质人才大量涌入保险行业，保险代理人成为保险行业乃至中国行走的名片，向社会展现出了专业、诚信、高素质的新形象，传递着行业正能量。

再者，我国对保险行业的监管越来越严格，各种政策的发布和实施为保险代理人创造了很多新机遇。

首先，我国为了成功打造新型的保险业环境，在2018年出台了《保险代理人监管规定》。该规定从任职资格、从业人员、经营规则、行业自律和监督检查等方面，对保险代理人的经营行为进行了规范。2019年4月，银保监会还先后发表了两篇公告，正式宣告将要开启保险代理人的清核工作。

保险行业将借助互联网技术，将保险代理人与互联网流量渠道获得的客户进行对接。一旦发现保险代理人有欺骗、蒙骗或坑害消费者的行为，就会立马关闭代理人账户，然后将该保险代理人清除出保险行业。

其次，我国为了打造专业保险代理人队伍，在未来会致力于重塑保险代理人和亿万消费者之间的品牌。在监管行业和保险行业的共同努力下，我国保险代理人队伍将会从高速度转变成高质量的精英队伍。

新时代下的保险代理人不仅具有专业的保险产品知识，还精通医疗、教育、养老、金融等专业知识。在机会被严重压缩的当下，他们必然会在保险市场上找到自己的价值所在，在激烈的竞争中依靠新形象赢得优势，用越来越专业、理性和诚信的服务为保险行业正名。可以预见，在不久的将来，保险代理人也会和医生、教师一样，成为受人尊敬的职业。

◎ 代理人创业时代已经到来

内容简析

在银保监会的大力支持下，保险代理人的创业时代已经到来。随着保险公司推出的一系列权益和奖励，保险代理人的创业之路必定一帆风顺。再加上互联网保险的兴起，保险代理人的创业前途无可限量。

2015年，中国保监会为了推进保险中介市场的深化改革，发布了《中国保监会关于深化保险中介市场改革的意见》，明确指出了保险中介市场深化改革的总体目标：致力于培育一个自主创业、自我负责、体现大众创业和万众创新精神的独立个人保险代理人群体。

该意见的出台标志着保险代理人自主创业的新时代已经开启，那些曾经不被看好的保险代理人终于摇身一变成为创业者，迎来职业的春天。

作为一名新时代的保险代理人，王萌对保险这份职业有着深刻的认识。几年前，王萌就读于××大学保险学专业。毕业后，她和很多同学一起进入保险公司，成了保险代理人。

然而，短短一年内，她的同学们都认为保险代理人太难做，于是纷纷从公司辞职，开始从事别的行业。形单影只的王萌为此踌躇万分，一时难以抉择。虽然在保险公司这段时间内，她的业绩比其他同学都要好，但是工资终究不是很多，所以她开始怀疑自己的坚持是否正确。

王萌的经理看穿了她的心思，告诉她不管什么行业，起步都需要一些时间，但只要坚持，不管在哪儿都会成功。王萌因此重振信心，坚持留在了保险公司。

就在王萌从业的第13个月，她的工资突然增加了50%，她为此开心不已。原来，她前期积累的客户非常多，当月这些客户都开始续交保费，她收到的工资中有一大部分都是之前的续期收入。王萌因此看到了希望，决定将这份职业当作一辈子的事业来对待。

毋庸讳言，现实中有很多保险代理人都熬不过前1到3年最辛苦的创业期。其实保险代理人和其他行业一样，要想取得稳定的收入，寿险要保证稳定的留存。案例中的王萌之所以取得了成功，就是因为她的坚持不懈。

实际上，作为一名保险代理人，其丰厚的回报主要是续期保费收入和继续率奖金等经济收入。

每份保单都有一个缴费期限，比如5年期、10年期，甚至终生缴费。续期保费就是客户按照约定按期缴纳方式支付保费合同的第二次以及二次以后的保费。而续期收入就是客户第二年续交保费给保险代理人带来的佣金收入。保险代理人的从业年限越长，积累的客户越多，那么他的续期收入就越高。

继续率奖金指的是公司给予续收达成情况好的保险代理人的额外奖励，它的计算公式为当月第二年度服务津贴 × 个人继续率奖金比率。

其中个人继续率奖金比率是根据个人继续率指标达成情况给予的奖励。个人继续率指标达成得越好，个人继续率奖金就越高。简单来说，就是保险代理人客户的续期保费越多，保险代理人的继续率奖金就越多。

比如小张在2018年共承保保费10000元，然后2019年9月将续期保费10000元全部收回，那么他的个人继续率就是100%。小张所在的保险公司规定个人继续率超过95%的，超额奖励30%。这时，小张能获得的继续率奖金为：1100×130%=1430（元）。

除了上述两项奖金之外，保险公司给予保险代理人的奖励还有很多，比如营业组年终奖、团队管理津贴等。很多成功的保险代理人都表示，从事保险代理人工作并没有那么困难，只要做了1年以上，特别是晋升主管之后，收入稳定的感觉会迅速提高。再者，保险代理人的收入和付出是成正比的，只要多劳肯定会多得，而且收入还会不断递增。

除此之外，保险代理人创业时代开启之后，很多保险公司也相继推出了一系列针对保险代理人的奖励措施。比如华夏保险推出新的保险基本法，首创保险代理人创业四大权益和创业奖金终身制，帮助公司旗下的10万多名保险代理人走进了自主创业时代。

另外，华夏保险公司还给满足条件的创业保险代理人提供了一系列的福利保障。比如意外身故、疾病身故、住院医疗、养老金公积金、长期服务奖、关爱基金等。总之，公司会从各方面提升创业者的福利待遇。

再加上移动互联网技术改变了保险的销售方式。众多优秀的公共服务平台如雨后春笋般蓬勃兴起，为保险代理人提供了一个智能的云端平台。通过互联网技术，保险代理人能轻松设置多样性的保险产品和个性化的服务，从而满足客户多样化的需求。

例如保险代理人可以通过企业提供的创业平台，利用网站大量的保险资料进行专业的培训。然后利用平台上丰富的客户资源和专业的服务模式，轻松实现保险创业计划，成为一名优秀的创业者。

代理人创业时代已经到来，你准备好做一名高级的保险代理人了吗？

2

| 第二章 | Chapter 2

客户为什么要买保险

◎ 买保险并不是博概率

内容简析

　　风险无处不在，人生经不起风险概率的计算。保险是规避风险的方法之一，它可以弥补未来的不确定性；保险是家庭经济的备用胎，虽然不常用，但也要时刻准备着；保险是资产的保护伞，大难面前保险才是我们最后可以依靠的"余地"。

　　很多人之所以不愿意购买保险，是因为他们总抱有侥幸心理，觉得自己的运气不会那么差，风险不会找到自己。然而这种想法真的很危险，因为买保险并不是博概率。

　　有句话叫"悲剧之所以成为悲剧，就是因为在发生之前，所有人都认为那是别人的事情"。风险也是一样的，只要没有降临在自己身上，大多数人就意识不到风险。但是，如果我们转变一个思路，我们虽然觉得风险不会降临在自己身上，但我们能够保证风险一定不会光顾吗？恐怕也不能！

　　所以大家首先要明白，保险是用来弥补未来的不确定性的，它是规避风险的方法之一。在风险尚未来临时，很多人都觉得自己的运气很好，但未来会发生什么，没有人可以预测到。如果真的等到风险来临才想到补救，一切就都已经晚了。

小孙前段时间就因此吃了一个大亏。年前，小孙的老朋友小李劝他给孩子买份意外险。小孙不但没有领情，还埋怨小李诅咒自己的孩子，一怒之下拂袖而去。

没想到，过了没多久，小孙的孩子不小心从电梯上摔了下来，手臂受了很严重的伤。小孙为了给孩子看病，前前后后花了五六万元，家里的生活一下拮据起来。小孙为此苦恼不已，心想如果当时听从小李的话，家里的生活质量就不会下降了。

小孙认为风险不会出现在自己身上，但天有不测风云，一旦真的遇到意外情况，他们就要遭受财产的损失。好在孩子的伤情不严重，几万元对于普通家庭来说也不算是大数目，但这件事之后，恐怕小孙也要想一想自己对风险的看法了。

首先，风险是无处不在的，而只有利用好保险这个规避风险的工具，才能在意外情况发生时，帮助我们减少损失、渡过难关。

其次，大家要意识到保险是家庭经济的备用胎，虽然不常用，但是不能不准备。日常生活中，数十万字的字典我们可能用不了几次，但是还会买来备着；墙角的灭火器或许过了使用期限也没有派上用场，但是却必不可少；小偷不一定会上门，但每个人都会使用门锁。保险也是如此。但在现实生活中，问题没有发生时很多人都觉得不需要保险，问题发生后，人们才清醒地认识到保险的重要性。

例如重大意外发生后，罹难家庭一般都会经历三个阶段：一是无可挽回阶段，罹难家属会认为生命是最重要的东西，哪怕千金也无法挽回；二是清点阶段，这时家属一般认为灾难已经发生，人回不来了钱是否还能回来；三是反弹阶段，经过事故赔偿后，家属往往会对赔偿金额有所质疑，认为人都没了这点钱怎么够？而到了第三个阶段，保险备用胎的作用就体现得淋漓尽致了。因为有保险在，至少经济生活是有一定的托底保障的。

最后，保险是资产的保护伞，大难面前只有保险能够保住人们的财产。有些家庭条件比较好的人可能认为，自己拥有足够的物质基础，就算风险真的来临也能够轻松应对，不需要借助保险为自身提供保障。然而，事实并非如此。一个人无论有多大的能力和本事，都有无法掌控的事情。有钱人也同样面临着诸多风险，甚至有时候比平常人更多。

老王是一位名副其实的资产大户，很多保险销售员都曾经尝试啃下这块"大骨头"。然而，销售员们使尽招数，老王都不为所动。

保险销售员小高百思不得其解，经过一番打听后才知道，原来老王钟爱投资市场，自己的大部分资金都放在了股票和期货上。就在小高打算放弃之际，事情出现了转机。老王最近在股票里投的数百万元不慎赔光了，老王为此心疼不已。

小高知道后，赶紧准备了一些礼物去拜访老王。经过一番交谈，老王才知道保险才是最稳妥的投资，至少在风险面前保险能为他保留部分财产，免除他在投资市场的后顾之忧。于是，老王当下买了一份大额分红型保险。

经济实力雄厚的人通常会通过投资实现资产增值，但投资往往风险非常大，一旦投资失败，损失往往让人无法接受。但是如果在投资前拥有保险这把保护伞，不把鸡蛋放在一个篮子里，至少在风险出现时不至于赔得精光。

人生出现风险的概率和其他事情出现的概率大不相同，人生一旦出现风险便会影响到我们的事业、家庭，甚至是生命，所以我们的人生是不能用概率作赌注的。买一份保险，才是对付风险最好的办法。

◎ 保险会改变人的命运

内容简析

疾病和意外，无论你多么讨厌它们，它们每天都在发生，最终的结局到底是幸运还是不幸，不是取决于命好不好，而是取决于你有没有买保险。当风险发生时，只有保险能够变成一大笔救急的现金，让我们在第一时间得到最有效的治疗和帮助。

很多人在遇到事情的时候总会感叹"这都是命"。丈夫意外去世，留下妻子一人抚养幼小的孩子，赡养年迈的父母，这就是妻子的命，她注定苦苦支撑或者选择改嫁；父母双亡，留下老人和孩子，老人只能带着孩子艰难度日；子女不孝，老人无所依靠，这就是命，没有办法，老人只能独自凄惨地走到最后。

这些人常常把一切都归于虚无缥缈的命运，所以最终只能无助且被动地接受所谓的命运。然而世事虽然无常，但命运却是掌握在我们自己手中的，与同样发生上面事故的人相比，有保险的人是属于"命好的"，而拥有更多保额的人和家庭则是属于"命更好的"。

小杨年仅 20 岁，是个非常懂事、孝顺的孩子。毕业后，小杨立志好好工作，争取早日买套房子，把父母接到自己身边颐养天年。然而，刚刚参加工作不久，小杨就因为一场车祸丧命，一个下雨天，因为驾驶技术不熟练，小杨驾驶汽车撞到了路旁的大树上。

小杨年迈的父母赶来时，看到已经离世的儿子悲痛不已。这时，小杨的同事告诉两位老人，小杨曾经购买了 20 万元的定期寿险，同时附加 10 万元的意外伤害和 1 万元的意外医疗。

当两位老人拿到保险公司赔偿的 30 万元保险金后，紧紧地攥住保险公司工作人员的手哭着说道："我们的儿子永远都回不来了，这是儿子用生命给我们留下的钱，有了这笔钱，至少我们以后的生活就有着落了，这样在天堂的儿子也会有所安慰！"

正值青年的小杨虽然拥有健康的体魄，却没有刀枪不入的身体，一场车祸让他丧命，从此与父母天人永隔。不幸虽然夺走了小杨的生命，但小杨购买的保险却让他的父母可以有生活的支持。可以说意外带走了小杨，保险却替小杨守护住了这个家，是保险改变了小杨父母的命运。

疾病和意外，无论我们多么讨厌它们，它们仍然每天都在发生，当它们发生时，我们的结局到底是幸运还是不幸，不是取决于命好不好，而是取决于我们有没有买保险。

西方人尤其是美国人，会将收入的一部分用于缴纳各种保险，这能保证他们在得了绝症、遭遇重大事故时都有保险保障。也可以说，他们人生所能遇到的医疗、养老、教育等绝大部分问题，都由保险公司罩着。

在美国人眼中，房子能住时是自己的，着火时是保险公司的；身体健康是自己的，生病死亡时是保险公司的；车子能开时是自己的，撞了时是保险公司的。总之，他们不信所谓的天命，只相信事在人为，有保险就可以不用为命运发愁。

保险不是消费，而是人生中一种必要的提前准备。与其信命，不如提前用保险改变命运。用有经验的保险人的话，保险对于命运来说，管好了以下这三件事。

一是意外离去，留下家人。肩负家庭责任的中年人不辞而别，整个家庭就会失去经济支柱，一方面家人的生活费没有着落，另一方面还会因此背负庞大的债务。

二是疾病失去工作能力，拖累家人。一场大病不仅会导致个人收入中断，还要花费一笔庞大的医疗和看护费。家人的生活因此陷入困境，债务无法偿还，子女的教育也随之受到严重影响。

三是长命百岁，没钱生活。就算无病无灾可以活到百岁，但是如果没有足够的退休养老金，日益庞大的医疗和生活费用也会导致自己无法过想过的生活。

保险虽然不是万能药，不能保证我们不得病，不出意外。但它可以在一切都好时悄然在身边守护我们，在风险发生时立刻变成一大笔急用的现金，可能是10万元，可能是100万元，也可能是更多，这些财富能让我们在第一时间得到最有效的治疗和帮助。

保险最大的含义就是保障，当自己和家庭的生活出现不可控的风险时，保险能保障家庭的生活质量不被改变。对于我们来说，一生最重要的两个心愿就是年轻时不拖累父母，年老时不拖累子女。而相比于"天命"，保险才是改变人一生的屏障。

◎ 保险是保障，也是投资

内容简析

保险不仅仅是一份人生的保障，还是投资理财的最佳工具之一。近年来，保险市场推出的各种理财保险数不胜数。无论是稳妥可靠的分红型保险和万能型保险，还是具有一定风险的投资连结型保险，都比风险性极高的投资市场要安全很多。

随着中国人的生活水平不断提高，我们对财富打理的需求也越来越强烈，这也是人们宁愿将大部分资金用于投资理财也不愿买保险的原因。但其实随着保险行业的发展，保险能为我们提供的不仅仅是保障，还有财富的增值。

在发展过程中，保险业为了满足客户的需求，衍生出了很多带有金融属性的服务。这些服务是集保险保障和理财投资功能于一身的新型保险产品。客户购买理财保险后，不仅可以让自己的资金得到合理的安排和规划，而且还能在防范和避免灾难、疾病等原因导致的财务困难的同时，让资产获得理想的保值和增值。

具体来说，理财类保险有以下优点：

第一，基本的保障功能。理财保险本身可以和普通保险一样，具有相应的保障功能，能在意外发生时有效缓解客户大量资金外流和巨大的经济压力。比如当重大疾病降临时，客户会收到一大笔赔付，从而解决巨额的医疗支出问题。

第二，安全性能比较高。与其他的理财方式相比，理财保险的投保人和保险公司签订合同后，其权益会受到法律和合同的保护，有效降低了投资理财的风险性。也可以说，将钱放在保险公司比将钱放在银行里面更加安全。

第三，具有规避债务清算的"特权"。最近几年，政府对于个人债务问题非常重视，当一个人因为债务问题而受到司法机关的追索时，无论是他的现金、股票、不动产还是收藏、名贵衣物，都有可能被司法冻结或强制执行。但是，个人保单却不在司法处理的范畴之内，因此平时购买一些保险，留存大额保单，在关键时刻也能成为你财富最后的"自留地"。

第四，具有融资功能。在金融市场中，有些大额理财保单也可以作为再融资的抵押物，暂时帮助客户缓解经济上的压力。比如企业向银行贷款时，财产保险作为保证会增加企业通过的概率。

目前我国市场上比较普遍的理财保险险种主要有：年金险、分红保险、万能寿险和投资连结保险等。以上险种为客户带来的收益各不相同，从严格意义上讲，年金险是特殊的保障保险，分红保险和万能保险属于理财保险，而投资连结保险则属于投资保险。

一、年金险

年金保险是指投保人或被保险人一次或按期缴纳保险费，保险人以被保险人生存为条件，按年、半年、季或月给付保险金，直至被保险人死亡或保险合同期满。

年金保险的本质是一种人身保险，保障被保险人在年老或丧失劳动能力时能获得经济收益。年金保险按给付保险金的限期不同，分为终身年金保险、定期年金保险、联合年金保险三种。而在我国当前的社会环境下，年金保险实际上是以政府养老保险为主而其他商业保险为补充的形式存在的。

二、分红保险

分红保险的投保人在享有一定保险保障的基础上，可以与保险公司共享公司产生的经营成果。比如分红型养老保险的投保人每年缴纳一定的费用后，到了一定的年龄不仅可以领取相应的养老金，还可以拿到保险公司的红利，和保险公司一起分享经营成果。

虽然当保险公司某一年度的经营不好时，投保人分享的经营成果可能会很少，但是分红保险都设有最低的保证利率。也就是说，即使保险公司某年的业绩不好，投保人依然会享有保证利率之内的收益。

三、万能保险

万能保险又叫万能寿险，它能在兼顾相关人寿保障和投资收益的同时，通过法律的手段保证客户的资产，因此是很多客户理想的风险准备金存储方式。

万能保险的万能之处就在于，它的缴费方式、保额和保单价值领取十分灵活。首先，万能保险的投保人可以任意选择或者变更缴费期，当投保人资金有困难时可以申请缓缴或者停缴保费，等到投保人资金可以周转时再补缴保费；其次，投保人在一定范围内可以自由选择或者变更保额；最后，投保人可以随时领取保单的价值金额，比如将保单价值作为教育金、创业金、养老金等。

四、投资连结保险

投资连结保险是一种集保险与投资功能于一体的新险种，它是将保险保障与投资储蓄结合到一起。投保人缴纳投资连结保险保费后，保险公司会为投保人单独设立一个投资账户，并由专门的投资专家负责运作，最终投资收益扣除少量费用后的金额就是投保人的投资收益。

投资连结保险的收益虽然是保险公司向股市、债券、货币等资本市场进行投资获取的，但是相比于投保人自己进入投资市场，保险公司委派的专门投资专家更加可靠一些。因此，投资连结保险的风险比自主投资的风险要小很多。

既是一份生活的保障，又是投资理财的好帮手，相信聪明的人都不会拒绝保险这个好东西！

3

|第三章| Chapter 3

保险销售员必懂的保险知识

◎ 熟知保险种类，给客户更多选择

内容简析

  大部分购买保险的客户都是非专业人士，他们对保险的种类并不熟悉。保险销售员要做的就是按照客户能理解的方式，为他们介绍保险种类，并帮助客户找到合适的险种。有了正确的保险需求之后，客户才会产生购买欲望。

  "有没有那种，一旦生病就会赔付几十万元，还可以报销各种费用的保险？""我想买之前网上流行的爱情保险，现在这种保险要怎么买啊？"

  在向顾客推荐保险的过程中，很多保险销售员都遇到过一两个像上面这样的问题。其实这种情况在保险行业很常见，因为大部分购买保险的客户对保险都不甚了解，也正因为他们不了解，才需要保险销售员为他们答疑解惑。在解答客户问题的时候，保险销售员如果一直使用自己的习惯思维讲述保险的种类，多半会让客户听得云里雾里，其结果就是被客户客客气气地请出门。

  从客户的角度来说，选择保险时他们只会考虑哪款保险适合他们，哪款保险比较划算。所以在销售保险时，保险销售员应该抓住客户这个心理需求，用他们能理解的方式来讲述保险。

保险销售员遇到的最常见的问题，恐怕莫过于保险种类。总体来说保险分为两大类，一是"人身险类"，二是"财产险类"。财产保险是指以财产和相关利益为保险标的的保险，它包括财产损失险、责任保险和信用保证险三大类。由于我国当前市场上最普遍的还是人身保险，所以这里不再过多叙述财产保险。

人身保险主要包括社会保险和商业保险，社会保险是政府强制缴纳的各种保险，而保险销售员销售的都是商业保险。在商业保险中，保险销售员需要熟知的主要有以下四类：意外险、寿险、重疾险和医疗险。

一、意外险

保险销售员要给客户讲清楚意外险的概念。意外险，顾名思义，就是对意外风险进行保障的险种。所谓意外风险，指的是外来的、突发的、非本意的、非疾病的客观事件，比如我们常见的交通事故、溺水、触电、摔伤等都属于意外事件。

意外险一般分为两种：一年期意外险和长期意外险。一年期意外险交一年保一年，长期意外险保障期限比较长，不过保费比较高。对于大部分家庭来说，意外险买一年期的就足够了。

与其他险种相比，意外险对被保险人的要求比较低，通常只要被保险人不是重度伤残都可以购买。而且意外险的生效时间比较快，最快的第二天就可以生效，最慢的一周就会生效。

意外险的保险责任主要包括意外伤残或身故和意外医疗两个方面。意外伤残或身故类保险就是直接给钱的意外险，一旦意外发生，保险公司会按照伤残等级直接给予赔偿款；意外医疗型保险则是医院花多少报销多少，比如由于摔伤产生的医疗费用，保险公司会按照合同进行报销。

综合来说，意外险比较便宜，杠杆比较高，比如成人花100元就能获得50万元的保障，所以，意外险通常可以作为客户的第一张保单。

二、寿险

保险销售员要告知客户，寿险是最能体现保险的保障功能的保险。它主要是用于解决家庭经济支柱倒下后，整个家庭不但会没有收入，还有可能背负债务这种困境的。有了寿险，即使发生意外，经济支柱因此离世，保险也能把未来该赚的钱留下来，继续为家庭做贡献。

寿险分为一年期寿险、定期寿险和终身寿险三类。一年期寿险价格比较便宜，但是每次购买都需要健康告知，如果被保险人的身体哪年出现状况，第二年很有可能不能续保；终身寿险可以保终身，不过其价格比较高；定期寿险是指在一定期限内身故，就会获得一笔赔付。

对于 90% 的家庭来说，定期寿险是最合适的寿险。定期寿险不仅价格比较适宜，而且其身故条件包括疾病、意外、自然身故，即使投保两年后自杀也能获得赔付。

购买定期寿险时，大部分客户最苦恼的就是保障期限和保额。寿险保障期限方面，保险销售员可以建议客户购买 20 年或者到 60 岁，因为等到客户老了，他们的孩子就大了，那时家里的主要劳动力就成了孩子，所以就没必要再买寿险了。

其次是定期寿险的保额，这方面客户主要考虑的应该是自己不在了，家庭会因此遭受多少损失。根据专家的建议，定期寿险的保额应该为家中贷款、抚养子女所需的钱以及赡养父母所需的钱的总和。

三、重疾险

保险销售员要告知客户："重疾险属于给付型保险，购买这款保险后，只要患了重疾，我们保险公司就会一次性给付赔偿款。"

其实说白了，重疾险就是一种工作收入损失险。因为患者患大病的时间再加上康复期，总共需要两三年。在这段时间内，患者不仅没有收入来源，而且还会花费一笔不小的治疗和康复费用。重疾险确诊即赔，既能缓解患者的资金压力，又能有效地帮助患者快速康复。

购买重疾险的核心是选择好保额和保障时间。其中保额尤为重要，因为保额如果不足，在关键时刻是起不到作用的。专家建议的重疾险保额大约为 50 万元，因为对于普通家庭来说，大病后 3 ～ 5 年的家庭支出和康复护理费用大概为 50 万元。

重疾险的保障时间，一般在保证保额的基础上去选择，通常保额越多，保障期限越长。具体来说，重疾险分为短期重疾（保一年）和长期重疾，长期重疾的保障期限可以达到 60 岁、70 岁，甚至是终身。

从整个家庭配置上考虑，具有收入来源的夫妻是保险销售员推销重疾险的第一人选，然后才是老人和孩子。

四、医疗险

保险销售员要告知客户，医疗险为客户解决的主要是"看病贵""看病难"这两大问题，其赔付形式为报销制。患者在就医过程中产生的费用，医疗险多多少少都会报销。值得注意的是，医疗外的费用医疗险是不会给予报销的。

根据报销的内容不同，医疗险可以划分为五类：门诊报销金、百万医疗险、普通住院医疗险、中端医疗险、高端医疗险。

门诊报销金就是平常感冒发烧报销的门诊费用，其意义不大，所以保险公司大多和其他险种捆绑销售。

百万医疗险是最常见的医疗险，在客户中也最受欢迎。这类保险的保费比较低，保额比较高。无论多贵的病，有了百万医疗险和医保，基本都能解决，并且百万医疗险还突破了医保用药的限制。

普通住院医疗险算是医保的一个补充，它报销的一般是一两万元之内的医疗费用，比较适用于婴幼儿。

中端医疗险和高端医疗险注重的是看病的体验和享受，这类保险的保费比较高，适用于中层人士和高净值人士。

◎ 保险销售需要掌握哪些专业术语

内容简析

保险的专业术语对于保险销售员来说，简直就是小菜一碟。而对于客户来说，那些专业的保险术语，他们既看不懂也听不懂。因此，保险销售员要做的就是用客户能够理解的方式为客户解释保险专业术语，让客户可以买得安心和放心。

保险业之所以被大众广为诟病，很大一部分原因是客户嫌弃保险销售员不够专业，他们自己都对保险专业信息一知半解，更别提向客户很好地普及保险知识了。那么，如何才能让那些复杂的专业术语更易于接受，进而顺利推进签单的进程呢？

俗语说，见什么人说什么话。如果客户听不懂那些太过专业的术语，不妨换一种方式，用一种普通人都能理解的语言去讲那些相对陌生的术语。

现在我们就站在客户的角度上，为大家解读，将整个销售过程中常用的保险术语翻译成客户能够理解的语言。

首先，保险销售员要对客户讲清楚保险行业的术语。

保险：客户给保险公司交钱，在客户有效期限内如果出险，并且符合合同约定的风险或条件，保险公司会将钱赔给客户。

人身保险：保人的，包括疾病、身故、死亡等。

财产保险：保财产和相关利益的，包括火险、车险、责任险等。

保险人：保险公司，负责保障客户的风险以及给付理赔款。

被保险人：这份保险保障的人。比如张三是被保险人，那么这份保险保障的就是张三的人身风险。

投保人：交钱的人，比如张三掏钱给自己的女儿张丽买了一份保险，那么张三就是投保人。

受益人：这份保险的钱赔给谁。在一份保险合同中，被保险人、投保人和受益人可以是同一个人，也可以不是同一个人。

保单持有人：被保险人、投保人和受益人都属于保单持有人。

投保和承保：投保就是买保险，承保就是保险公司收到钱同意投保，俗称出单。

退保：客户不想再交钱，要把保险退掉，退保时客户会承担一定的损失。

退保金：退保时客户能够拿回去的钱，也就是保单的现金价值。退保金的具体数额就是保险公司扣除成本开支后剩下的钱。

其次，是为客户解读保险合同。

保险合同：客户投保后，与保险公司签订的保险合同协议。保险合同也被称为保单，保单有纸质保单和电子保单两种。

保险责任：保险合同保的是什么，比如保的是小孩的意外还是大人的意外。

责任免除：又叫免责条款，就是保险合同中列明的出现哪些情况是不赔的。客户签合同时，保险销售员一定要帮助客户看清合同里面的责任免除，避免以后产生不必要的纠纷。

保险期间和保险金额：保险期间又叫保险期限，它是指客户买的保险可以保多长时间；保险金额是指客户出了险能赔多少。

保险保费：客户买保险产品需要花多少钱，通常被当作客户第一年缴纳的保费。

免赔额：出险后，需要自己承担的部分叫作免赔额，免赔额以上的部分保险公司才会赔付。

看清保险合同后，客户还需要进一步了解保险的各类险种及其保障功能。

这部分在上一节已经做了详细介绍，因此不再赘述。

再次，保险销售员要确认客户的健康状况并进行核保。

保险不像其他商品，并不是想买就能买，只有符合相关的投保要求才可以投保。这部分要注意免体检额度、既往病史、标准体和非标准体这几个专业术语。

免体检额度是指保险公司规定在特定保额之内，被保险人无须体检的额度。通常内地的保险公司的免体检额度在 50 万～ 60 万元，也就是说保额在这个额度内的保险不需要体检，只需要根据自己的身体状况做健康告知就可以了。

既往病史是指在投保前被保险人已经患有或者已经知道或检查出来的疾病或症状。

标准体是指完全符合投保要求的人，非标准体是指不完全符合或者可能要加费或拒保的人。

最后，投保成功后，保险销售员要提醒客户注意保险合同几个比较重要的期限。

等待期：又叫观察期，一般是合同生效后的 30 天到 180 天，在这个期限内出险，保险公司不负赔偿责任。

犹豫期：投保后一般有 10 ～ 20 天的犹豫期，在犹豫期内退保可以申请全额退保。过了犹豫期退保的，会有一定的损失。

宽限期：一般长期险在续费日之后都会有 2 个月的宽限期。如果在缴费期间忘记缴费，只要在 2 个月内补缴，其保障不会受到任何影响。

中止期：长期险超过 2 个月没有续保的，保障就会暂时中止。中止期一般为 2 年，如果 2 年内交上保费及其利息，保障就可以复效。反之，保单就会废掉。

复效：中止期期间，客户缴清了所欠保费和利息的，保单可以恢复效力。

不可抗辩期：通常为 2 年，国内保险投保 2 年后，保险公司无权解除合同。

保险公司与客户间的不愉快，大部分都是保险销售员没有讲清上述问题造成的。为了避免不必要的误会和纷争，保险销售员在与客户沟通时，一定要认真帮助客户了解这些专业术语，让他们切身感觉到保险能带来的利益，感受到你的真诚，这样他们才会心甘情愿下单。

◎ 保险销售，选对渠道很重要

内容简析

目前，我国保险公司销售保险的渠道主要有六种：保险代理人渠道、银行保险渠道、电话销售渠道、团体保险渠道、互联网销售渠道以及保险经纪人销售渠道。作为保险销售员，如果想要在保险行业脱颖而出，选择一个合适的销售渠道是非常关键的一步。

保险实际上也是一种商品，只不过与其他商品相比比较特殊而已。保险公司开发出保险产品之后，就要开始考虑保险产品的销售问题了。

如果让你给客户推销保险，你会选择什么形式呢？想必大部分保险销售员的答案都是直接面谈。可是随着时代的进步，保险公司销售产品的渠道越来越多种多样，保险销售员们可以从中选择出最适合自己的销售方式。

到目前为止，保险公司销售产品的渠道有以下六种：保险代理人渠道、银行保险渠道、电话销售渠道、团体保险渠道、互联网销售渠道和保险经纪人渠道。

一、保险代理人渠道

我们通常所说的保险销售员大部分属于保险代理人，保险代理人是国内分布最广泛、人员数量最多的保险销售渠道。根据相关统计数据显示，目前国内的保险代理人数量已经超过 800 万名，队伍非常庞大。

根据《保险法》的规定，保险代理人根据保险人的授权代为办理保险业务的行为，由保险人承担责任。也就是说，保险公司对保险代理人的行为负责，这在一定程度上加强了对保险代理人的监管，提高了保险代理人的从业要求。

保险代理人渠道的优势是沟通效率高。由于客户购买保险的个性化需求比较多，再加上各种保险产品的组合方案比较复杂，在很多情况下由保险销售员面对面与客户交流，为客户答疑解惑的销售效果比较好。

二、银行保险渠道

现在不了解保险的人还有很多，但是不了解银行的人却屈指可数。因此，现在的银行也是保险销售的重要渠道。

保险销售员们可以对客户说："我知道您对保险有误解，但您应该知道，××银行主要推荐的就是我们这款产品。您还信不过银行吗？"

三、电话销售渠道

电话销售又叫电销，在21世纪，大众已经比较熟悉这种保险销售方式，其中很多人都有过电话保险销售的经历。保险公司通过电话销售的保险产品比较单一，一般以长期意外险为主。该方式的优势是成本较低，交易双方无须见面就能完成销售，这也极大地节约了保险销售员的时间。

四、团体保险渠道

团体保险又叫团险，一般特指公司为员工集体投保的产品。团体保险的承保数量比较大，一张保单可以承保数千人，甚至上万人。公司投保团体保险时，一般会将保险当作员工的福利免费赠送给员工，或者只收取极低的费用。所以，保险销售员也可以将目光放到团体保险渠道方面。

五、互联网销售渠道

互联网销售是保险公司利用互联网销售保险产品，在线完成保险交易的销售方式。用这种方式销售的保险产品价格比较低廉，投保比较方便，所以近年来得到了很大的发展。尤其是支付宝、微信等具有流量优势的平台，逐渐成为保险销售的前沿阵地。此外，目前很多保险公司也通过互联网建立了属于自己的网络销售平台。

互联网销售渠道投保流程也比较简单，保险销售员可以通过互联网随时随地为客户投保。

六、保险经纪人销售渠道

保险经纪人销售渠道是指保险经纪人作为中介，按照投保人的利益与保险人订立保险合同的销售方式。目前我国只允许法人单位从事保险经纪活动，交易成功后，保险经纪人可以依法获取交易佣金。

总而言之，目前保险销售员的销售渠道有很多，并且不同渠道涉及的产品各不相同。对于客户来讲，多渠道销售方式提供了更多的投保选择。对于保险销售员来讲，多渠道销售方式提供了不同的工作机会。最终如何选择，则需要慎重考虑。

◎ 保险销售要经历哪些环节

内容简析

> 保险销售员要想达到最终的签单目的，就要做好销售的每一个环节。从准备环节、开拓客户和约见准备环节到拜访环节、产品介绍、成交环节和售后环节，每一步都需要认真对待，这样才能提高保险销售员签单的概率。

保险销售员的最终目的是把保险产品卖出去，不过比起结果，达成最终目的的过程其实更重要。因为销售本身就是一个过程，而在这个过程中每一个销售环节都会影响到最终结果。那么，保险销售员销售保险产品必须经历哪些专业化的销售环节呢？接下来，就让我们一起看看保险销售员的七大销售环节。

一、准备环节

对于保险销售员来说，第一步就是做好准备工作。在业务开展之前，保险销售员要做好详细的工作计划和各项销售工作的目标。比如每天坚持有效拜访几个客户，与客户见面需要谈哪些话题等。

准备工作是整个销售工作的灵魂，它可以清晰地让保险销售员知道自己的计划与目标，也就是什么时候需要做什么事情。全面的准备工作能帮助保险销售员把有限的精力放在销售的关键点上，从而避免费力不讨好的盲目销售模式。

二、开拓客户

保险产品是一种特殊的商品，从某种意义上讲，它是一份契约，一份承诺。每一个销售行业都要努力开拓客户，而对于保险这种特殊商品来说，开拓客户更是一个必不可少的环节。因为没有大量客户的支撑，以后的销售工作很难开展。

开拓客户需要做的工作就是从茫茫人海中找到大量有保险需求的潜在客户，并持续不断地开拓自己的准客户市场。日常生活中，寻找潜在客户的途径有很多，比如个人认识、亲朋好友转介绍、陌生拜访、社交活动等。

要想获得准客户，可以采取以下几种方法：缘故法、介绍法、陌生拜访法和目标市场法。

缘故法就是通过个人的各种社会关系认识相关潜在客户，比如通过亲属关系认识更多的客户。使用缘故法结交的客户和自己有一定的社会关系，所以成功的概率比较大。

介绍法就是通过准客户介绍新客户，通常比较有影响力的客户能给自己带来很多的客户资源。比如教师可以将同事、学生家长等介绍给保险销售员，保险销售员会因此获得更大的市场。

陌生拜访法是指对陌生客户进行有目的的拜访，比如利用保险知识宣传活动在某小区进行陌生拜访。这种方法的优点是客户的来源很多，而且非常锻炼保险销售员的胆量和销售技巧。

目标市场法是指根据自身的特点，寻找具有相同点的人群，然后实行统一拜访，并用专业化方法进行拓展。例如可以在自己居住的小区内寻找以前从事相同行业的同事等。

三、约见准备

成功约到客户后，保险销售员千万不能自乱阵脚，此时应当调整心态，做好一系列准备工作。

首先，要做好充足的个人准备，注意个人的衣着、谈吐、礼仪等个人形象以及时间安排；其次，要掌握客户的基本资料，对客户的家庭背景、现有保障、个人兴趣爱好等有所了解；最后，要准备好相关的展业工具，比如名片、保险计划书、投保单、费率表、计算器等。

另外，在约见前，要事先电话约访，定好约见的时间和地点。通常如果没有特殊情况，尽量不要在午休和双休日约见客户，以免影响客户的个人生活。

四、拜访环节

做完拜访前的准备工作，保险销售员在正式拜访客户时，应当根据拜访的场所以及客户的性格特征采取不同的开场方式。

一般开场方式有以下几种：

第一，开门见山。第一时间道明自己的来意，直奔主题。这种方法适用于有一定保险意识、比较直爽的客户。

第二，讨教法。选择客户擅长的话题，用讨教问题的方式与客户交谈。这种方法适用于有一定社会地位或者比较年长的客户。

第三，故事引入法。当客户对保险没有足够的兴趣，甚至有些排斥保险时，保险销售员不要急于向客户介绍保险产品，可以试着跟客户谈一些最近的社会热点和自己身边发生的故事，从而激发客户产生交谈的兴趣。

第四，介绍法。如果拜访的客户是通过第三人介绍认识的，保险销售员可以利用第三人去接触客户。转介绍客户对保险销售员通常比较信任，所以比较容易接触。

第五，问卷调查法。保险销售员可以以保险商品和服务的需求为主题，采用问卷的形式接触客户。这种方法比较适用于陌生客户。

五、产品介绍

产品介绍是整个销售过程中的关键环节，保险销售员一定要好好把握。介绍过程中，保险销售员需要展现自己的专业技能，为客户量身打造最合适的保险方案。

需要注意的是，在制订方案时，保险销售员应当站在客户的角度去思考客户的真正需求，方案要尽量全面，让客户做减法。制订过程中，保险销售员还要耐心倾听客户的建议，并学会通过客户的反应了解客户的购买欲望。

六、成交环节

当客户了解保险产品的好处并对此感兴趣时，就是成交的最好时机。在这个环节保险销售员应当放平心态，沉着冷静地使用成交方法促成订单，完成签单。具体来说，成交时保险销售员可用的成交方法有激将法、二择一法、代替思考法等，后面的章节会详细介绍这些方法。

七、售后环节

售后环节是销售过程的最后一个环节，完美周到的售后服务不仅能为保险销售员带来更多的客户，还能增加已有客户的忠诚度。

售后服务分为定期服务和不定期服务两种。定期服务可以让客户感受到保险销售员的时刻关怀；不定期服务则是指逢年过节的问候，这一步能通过一些小事收获意想不到的效果。

细节决定成败，上述七个销售环节每一个都不容忽略。当保险销售员能把每个环节都做得非常完美时，客户和订单也就不请自来了！

4

手把手教你设计保险计划书

◎ 如何向客户说明保险计划书

内容简析

保险计划书是保险公司、保险销售员以及保险产品的门面担当，保险销售员只有详细地向客户介绍保险计划书，让客户了解到保险公司的实力、保险产品的优点以及自身的素质，客户才会愿意把自己的钱交到保险销售员手上。

保险销售员在销售保险产品时，通常会向客户出具一份保险计划书，以帮助客户客观地了解自己所需的保险。不过，很多客户拿到保险计划书以后也会犯愁，因为对于他们来说，保险计划书中总会有些内容难以理解，于是，你辛辛苦苦制订的保险计划书便被他们束之高阁了。所以，要想顺利推进销售进程，保险销售员必须考虑如何向客户说明保险计划书。

保险计划书就是保险销售员根据客户的经济状况和保险需求，为客户设计的最佳保险方案。下面简单举例说明一下，保险计划书对客户购买保险起到的作用。

我们平时在饭店吃饭的时候，经常会看到很多饭店为了招揽生意，把自家的菜单放在门口展示，或者立个柜子把自家的招牌菜展示出来。大多数人就餐时，都会根据这些展示选择去哪家饭店。

保险计划书，说白了就是保险公司用来招揽生意的，它能更加直观地向客户展示各种保险产品的特点，进而让客户知晓保险产品最精练的内容。

讲完保险计划书的概念后，我们开始进入正题。保险计划书的第一页的最上面一般是个人信息，需要客户确认是否有误。被保险人就是这份保险是保障谁的，投保人就是这份保险是谁掏钱买的。然后就是一些性别、职业等客户的基本资料。

接下来就是产品列表。由于保险计划书是针对客户做出的全方位保障，因此涉及的险种会比较多。但其实产品列表我们需要了解的只有三个问题：买什么保险？保障有多大？要交多少保费？

这一部分，保险销售员可以针对部分险种向客户详细介绍。

寿险顾名思义是保障人的寿命的，只要被保险人身故，保险公司就会赔钱。比如被保险人首期缴纳了6000元的保费买了一份保额为20万元的保险，保单生效后，被保险人发生不幸，那么保险公司就会立即赔付受益人20万元。

重大疾病保险主要是用来规避因重大疾病导致家庭经济困难这一风险的。重大疾病保险分为两类，一类是提前给付重大疾病保险，另一类是额外给付重大疾病保险。提前给付重大疾病保险是指与寿险捆绑的重疾险，如果被保险人被诊断出重大疾病，保险公司给付保险金后，寿险的保额就会相应地下降。

比如李女士购买了一份20万元的提前给付重大疾病保险，其中重疾险保额是18万元。如果李女士因为重病花费了18万元，那么保额就只剩2万元。这类重疾险的缺点就是赔完重大疾病以后，寿险就会所剩无几，不过这类重疾险的保费比较低，所以还是受到很多客户的青睐。

额外给付重大疾病保险则是指不与寿险捆绑的保险，如果被保险人被诊断出重大疾病，不会影响到寿险的保额。与提前给付重疾险相比，这类保险的好处就是寿险保额不会被重疾影响，不过其保费相对比较高。

关于意外保险、医疗保险等险种，在此不一一介绍，接下来主要介绍一下豁免保险。豁免保险单，从字面上看，就是免交保险费的意思。

比如张先生为自己的妻子高女士购买了一份寿险和重疾险并附加豁免保险，其中重疾险保额是18万元。在保障期间，如果高女士查出重疾，保险公司赔付高女士 18 万元，重疾险就此终止。但是，高女士的寿险依旧生效，这表明高女士还要继续缴纳寿险保费。但高女士的钱都拿去治病了，现在没钱缴纳保费怎么办？

考虑到这种情况，保险公司就要设立豁免保险。当高女士无法缴纳保费时，保险公司就可以豁免高女士寿险的保费，以缓解高女士的压力。

最后，保险销售员可以向客户讲解一下保险计划书的另一个重要组成部分：保险利益测算表。这张表主要用来演示客户每一年的保单扣费情况，以及保单价值的变化情况。简单来说，就是客户每年放到保险里面的钱有多少被扣掉交了保费，有多少在帮客户赚钱，赚了多少钱。

保险利益测算表主要包括保单年度、保险费栏、初始费用、基本保险金额、保障成本、最终的保险金额等内容。

保单年度相当于表格的序号，客户可以用自己的年龄加上保单年度，查到相应年龄的保单数据；保险费栏就是客户每年要交的费用，以及客户累计交的费用；初始费用就是保险公司的经营成本；基本保险金额就是基本保险的保额。

保障成本是保险利益测算表中的重点内容，它代表的是客户真正用来购买保障的钱。举个例子来说，王先生第一年交给保险公司 5000 元，并不代表这 5000元都是用来买保险的。其中，2000 元支付初始费用，1000 元交寿险成本，2000元交附加险成本，剩下的 1000 元为现金价值，其中寿险和附加险成本的合计就是王先生实际用来购买保障的钱。

最后一栏是保险的最终保险金额，简单来说就是发生风险时，保险公司实际支付的赔款金额。

在保险计划书的最后，往往还记录了重要的提示信息，这些信息通常用加粗的方式注明。保险销售员在讲解这一部分内容时，务必如实告知客户，以免将来发生不必要的纠纷。

我们都知道第一印象很重要，而保险计划书就是客户对保险公司和保险销售员的第一印象。因此，保险销售员应当详细向客户讲解保险计划书，突出客户购买保险后能得到的利益，这样客户才会对保险销售员和保险公司留下良好的第一印象。

◎ 如何设计保险计划书

内容简析

　　保险服务的第一步就是设计一份客户满意度高、保障完整的保险计划书。首先要建立全险的观念，把握保险计划书的基本原则，然后要整理客户资料以及判断客户需要，最后要设计好保险计划书四大方面的内容。这样一份能帮助保险销售员签单的计划书就算完成了。

　　保险销售的本质是以客户为中心的专业保险服务，而服务的第一步就是设计一份完美的保险计划书。那么作为一名专业的保险销售员，应该如何设计一份客户满意度高、保障完整的保险计划书呢？

　　首先，保险销售员要建立全险的观念。一份完整的计划书应该具有满期、身故、残疾、意外、疾病、医疗等多种保障，并且不仅要考虑现在，还要考虑未来，不仅要考虑客户自己，还要考虑客户的家庭。总之，设计计划书时要充分考虑客户所面临的核心风险、财务状况等实际情况。

　　其次，设计保险计划书要遵循三个基本原则：一是保额最大，二是保障最全，三是保费适合客户能力。

　　再次，制订保险计划书之前，还需要完成以下两个步骤。

　　第一，整理和收集客户情报。制作计划书之前，保险销售员一定要先搜集客户的基本资料，具体内容包括职业与办公场所、婚姻状况、所得或收入、兴趣与爱好等。

　　第二，判断准客户需要。准客户的需要是设计保险计划书的关键因素，在设计前保险销售员需要通过调查问卷分析客户需求。不同的客户有不同的保险需求，保险销售员可以从客户的人生旅程、生活目标、收支曲线三个指标判断客户的需求。

　　在人生旅程中，不同年龄段的客户有不同的需求。比如35岁的客户最关心子女的教育，45岁的客户更关心自己的晚年生活等。

生活目标是指客户未来的打算，不同的生活目标也是考虑险种的重要因素。客户生活目标有很多，比如购房、旅游、投资等。

收支曲线是指根据客户的收入和开支，以最小成本最大利益原则为客户规划保险计划。通常客户的保费为年收入的10%～20%，保额为年收入的3～5倍。

做好以上准备后，保险销售员就可以开始制订计划书了。一份完整的保险计划书包括以下四个内容：客户的保险需求评估、保险产品推介、购买方式和服务承诺。

一、客户的保险需求评估

任何计划都离不开实施目标，保险计划书的实施目标为客户保险需求的评估。保险计划是否适合客户，关键在于保险计划书是否符合客户的保险需求。而要想准确把握客户的保险需求，就需要保险销售员充分调查客户的基本信息。

对于比较注重专业性、技术性的客户，在评估其保险需求时，保险销售员不仅需要掌握相关的专业知识，还需要借助有关专家、学者来进行分析、评估；对于人寿保险需求很强的客户，保险销售员既要了解客户的家庭结构、收入水平、身体状况，还要了解客户的知识程度、职业特征等文化心理背景。

保险需求首先需要注意的是客户转嫁风险的保障需求。在叙述这一点时，保险销售员可以根据保险的种类选择不同的表述方式。比如财产保险方案可以直接标出标的的潜在风险，并科学分析转嫁风险的方法，从而激发客户的投保欲望；人寿保险方案则要顾忌中国人普遍存在的避讳心理，在分析客户存在的潜在风险时，语气要尽量委婉、模糊些，便于客户接受。

保险需求另外一个比较重要的就是客户的投资理财需求。设定保险金额时，保险销售员要根据客户自身的经济状况和投资理财需求，合理确定保险金额。

在设定财险保险金额时，保险销售员如果把保额定得比较高，可能会造成客户不必要的开支；如果定得比较低，则需要考虑客户的自负能力等因素。

而寿险保额的设定并不是定得越高越有诱惑力越好，而是需要考虑客户的经济能力。一份合理的保险计划书的保费应当在家庭理财的适当比例内，同时还能最大限度地化解风险，得到一定的投资回报。

二、保险产品推介

保险产品推介是为了满足客户的保险需求而制订的保险措施，在制订保险产品推介时需要注意以下三个方面。

1. 保险产品选择的合理性

保险销售员推介产品时，应当站在客户的角度，帮助客户选择最合适的产品。这样不仅能体现客户至上的保险服务宗旨，而且还能说服、打动客户，从而提高保险计划书的竞争力。

需要注意的是，在这个环节中，保险销售员不能站在自己的角度上，单纯地向客户推介那些佣金高的险种，以免造成不良影响。

2. 保险产品组合的最佳性

在保险销售中，保险销售员的身份其实是客户的投保顾问或家庭理财顾问，所以保险销售员必须设身处地地考虑客户的全方位保险服务需求。由于保险计划书一般都是对多种保险产品的推介，因此保险销售员所选择的产品组合，无论是从服务还是价格上来讲，都应该是一种科学、优惠、严谨的系统构成。

3. 保险产品说明的准确性

保险计划书实际上就是保险条款和产品说明书的浓缩和概括，所以在写作时，保险销售员应该注意产品说明的准确性。在向客户推介时应当重点说明产品的功能优势、相关的免赔额、优惠活动等，并进一步明示客户参考具体的条款和说明书。

三、购买方式

保险的购买方式主要有两种：一种是一次性付款，另一种是分期付款。保险销售员在编写保险计划书时，应当明确不同购买方式的保费数额以及具体的缴费方式。

四、服务承诺

服务承诺包括保险公司的实力、信誉、经营理念、经验等方面的简介，这一部分可以体现保险公司守约信诺的必然性，消除客户的疑虑，从而增加保险计划书的竞争力。

一份优质的保险计划书是保险公司综合优势和保险销售员个人优秀素质的结晶，在展业过程中这个结晶是保险销售员签单的有效法宝之一。

◎ 如何签订保险合同

内容简析

　　保险合同是保险人与投保人之间签订的证明双方合同关系的合同，它对于投保人、保险公司和保险销售员来说非常重要。因此，保险销售员在与客户签订保险合同时，必须掌握签订保险合同的步骤和具体注意事项，并及时帮助客户了解保险合同的重要信息，以免未来产生不必要的纠纷。

　　保险合同是保险人与投保人之间签订的证明双方合同关系的合同，它对于投保人也就是我们的客户来讲非常重要。因此保险销售员在与客户签订合同时，一定要注意签订保险合同的每个环节，认真做好每一步，这样才能保障自己的销售利益。

　　通常，签订保险合同包括以下几个过程：投保人提出保险申请，填写保险单；保险销售员与投保人确定保险条款，并向投保人说明支付保险费的方式；保险销售员将客户的投保单交由保险公司审查，保险公司决定接受投保后在投保单上签章；保险公司出具保单，保险销售员将保单及时送到客户手上。

　　首先，在填写投保单之前，保险销售员需要帮助客户了解以下几个问题：

　　第一，购买保险之前，认真阅读保险条款。保险条款规定了一份保险所包含的权利与义务，保险销售员应当认真向客户解释保险条款，以保证客户在清楚明了保险条款的前提下签订保险合同。

　　第二，帮助客户了解保险责任。保险责任是保险合同的关键内容，在投保前保险销售员务必要让客户了解该保险产品的保险责任，看清楚在何种情况下保险公司承担赔偿和给付责任。

　　另外，保险销售员在销售公司独特的保险产品时，可以向客户说明这些产品所特有的规定和注释，从而加强产品的独特性，更好地吸引客户。

　　第三，了解交钱和领钱。保险销售员在产品推介时，应该让客户明白以下三点：一是交多少钱，未来领取多少钱；二是交钱的时间和方式；三是什么情况下可以领钱，什么情况下不可以领钱。

第四，将基本内容落实到文字上。对于保险知识不充足的客户，保险销售员在介绍保险时，可以帮助客户将保险产品需要了解的内容落实到文字上，然后逐项在保险条款中为客户找到相对应的部分，以此保证客户可以买得明白和放心。

第五，填写投保单并亲自签名。投保单上有许多内容要填写，并且有些内容还涉及客户的隐私，所以在填写投保单时，保险销售员要告知客户必须如实填写，并亲自签名。这一步骤主要是为了防止骗保、诈保的事情发生，进而带来不必要的纠纷。

值得注意的是，如果在投保过程中，客户对保险的大量信息感到不知所措，保险销售员不妨帮助客户将每一个方案的功能和优缺点编织成表，然后进行比较。这样有利于保险销售员快速掌握客户购买保险真正的需求点，然后针对客户所需推荐相应的保险产品。

其次，保险销售员在与客户签订合同时，还要注意在此过程中出现的保险费、缴纳保费等行为与保险合同效力之间的关系。

第一个问题是客户填写投保单之后，保险合同是否生效的问题。根据《保险法》的规定，保险人应当及时向投保人签发保险单或其他保险凭证，并在保险单或其他保险凭证中载明当事人双方约定的合同内容。

这一规定表明，投保单虽然并非保险合同，但是投保单意味着保险人与投保人已经就某项保险业务达成协议，所以投保单填写完毕就代表保险合同已经成立了。这时，保险合同已经对当事人双方产生法律上的效力，因此当事人双方必须恪守合同，全面履行合同规定的义务。

第二个问题是缴纳保费不是保险合同有效订立的要件。保险与普通商品不同，它是一个长期性的商品，所以不能单纯地以一手交钱一手交货的交易方式来看待。保险合同成立后，投保人缴纳保费和保险公司承担保险责任是双方各自独立承担法律规定的义务，两者不是顺序关系，而是并列关系。因此，保险合同成立后，投保人缴纳保费和保险公司按照约定的时间承担保险责任，这两者之间并不冲突，是同时进行的。

由此可以看出，客户在填写投保单后，保险合同就会成立，合同双方就要开始履行各自的义务。因此，在签订保险合同的过程中，保险销售员应当确保客户已经了解各项信息，切记不要夸大保险产品的作用，以免造成不必要的纠纷。

再次，保险合同依法生效后，保险销售员也不要放松警惕。在合同生效期间，合同还有可能因为某些原因意外中止或终止。

保险合同中止是指保险合同生效后，由于某种原因致使保险合同的效力暂时停止，也就是说保险合同暂时失效。在中止期间发生的保险事故，保险公司不负保险责任，不支付保险金。比如投保人未在缴费期限内缴纳保费、被保险人由于故意或者过失使保险标的的危险增加等。

保险合同终止是指保险合同成立后，因为法定的或者约定的事由发生，保险合同的法律效力完全消失的情况。比如保险合同期满、当事人违约等，都可以致使保险合同终止。保险合同终止后，保险公司和投保人之间不再享有合同规定的义务和权利。

保险销售员在与客户签订保险合同时，应当如实告知客户保险合同中止和终止的条件，并在签订合同后按时提醒客户缴纳保费和其他意外事项，从而让保险合同可以维持下去。如果在履行合同的过程中，双方因为理赔、追偿、交费等问题产生争议，保险销售员应当采用适当的方式，公平合理地处理。具体来说，保险销售员可以采取和解、调解、仲裁和诉讼四种方式来处理。

第二部分
保险销售技巧运用篇

5

卖保险就是讲故事，一个好故事帮你签大单

◎ 一个好故事，让客户无法拒绝你

内容简析

时代在进步，保险行业也不断发展着各种新产品和新技术。人们在日常交流时，新词汇和新话题也一直在不断变化。然而，有一种你在对话中成功说服别人的技巧却没有变，那就是讲有说服力的故事。

"张姐，您好。哎，实在对不起，跟您谈业务的时候我应该不受情绪影响的，但我刚从另一个客户家出来，情绪实在有些不好。"保险业务员小李掐了掐自己的睛明穴，情绪有些低落地说道。

张姐顿时生出了好奇心："怎么了，小李，你平时挺乐观的呀，是上一个客户太难缠了？"

小李摇了摇头："不是，哎，张姐，按理说这事儿我不应该告诉您，但您既然问了，我也不好不说。我上一个客户不像您，他对保险还是比较抵触的。年前，他夫人想给女儿买个大病险，可他不同意，觉得保险是骗人的，而且太费钱了。我连着去了三次都吃了闭门羹，可今天早上他亲自给我打了电话。原来，他女儿

昨天查出了白血病，但还好发现得早。可他一个打工的，根本拿不出这些钱，于是想问问我，还能不能给他女儿买个保险。"

张姐唏嘘道："哎呀，这个男人还不得后悔死了。"

"是啊。"小李也颇为感触，"那个男人都给我跪下了，哭着要给他女儿买保险，可哪里还来得及呢，一旦生病就无法购买保险了啊。"

张姐沉默了，她也有两个孩子，如果这事发生在自己身上……张姐不敢继续想下去，赶紧说道："小李，我的保险先放一放，你先给我的两个孩子办个保险吧，你帮我看看，办哪个最合适。"

小李愣了一下，赶紧说道："好的，张姐，我现在就给您看。"

资深媒体人罗振宇曾说："不管是日常社交还是职场，做营销还是做管理，只要你想影响其他人，那讲故事的能力就是你不能缺的核心能力，而很多朋友偏偏缺的就是这个。"

这句话中的"影响"，指的就是说服力。而所谓的故事，就是用叙述的方式，讲一个带有寓意的事件。一个好故事不但能广泛传播，还能影响别人的思维、选择、判断和最终决定。

保险这行比其他行业更需要一个好故事，因为保险销售员的工作就是把自己的思想装进别人的脑袋。要知道，世界上最难的事就是把别人的钱放进自己的口袋，还有把自己的思想装进别人的脑袋。然而，事情虽困难却也不是完全不可能，有时候，只要一个简单的好故事，就能让你如虎添翼。

对保险销售员来说，什么样的故事才算是好故事呢？答案当然是能说服客户的故事。而说服别人的最高境界，就是让对方忘记自己的初衷。

一个好故事能让对方顺着你的思路想问题，并且被你的观点打败，忘掉自己本来的意图。让对方忘掉自己的初衷的确不是件容易的事，想把自己的思想顺利灌输到别人脑海中，需要注意以下几点：

1. 注意氛围，以柔克刚

在说服对方时，首先要把气氛营造成你需要的那样，用温婉轻柔的方式来代替直白，如果气氛和态度都是和谐明快的，那说服也更容易成功；反之，在说服时过于直白，甚至不尊重他人，盛气凌人，那说服多半会以失败告终，毕竟谁都不希望自己被人不费吹灰之力就说服。

2. 博取同情，以弱克强

同情是人的天性，如果你想成功说服比自己强大的对手，不妨尝试这种博人同情的技巧，以弱克强，以柔克刚，达到自己的目的。

3. 以情感人，说服对方

从潜意识来看，人对别人都有防范心理，由于亲疏关系不同，产生的自卫心理也有强弱之分。当别人把你当成假想敌人的时候，最有效的方法就是反复表示自己和他是朋友而不是敌人。

4. 善用共情，设身处地

学会站在别人的角度上思考，这能让对方感受到你在为他着想，这种投其所好的技巧虽然技术含量不高，但却具有非常强大的说服力。要做到这一点，"知己知彼"十分重要，要明确对方想要什么，然后站在对方的立场上思考问题，找到彼此思维的共同点，然后将其引导到自己的观点上来。

5. 寻找共性，寻找痛点

对于那些惯于直接拒绝别人说服的人，绝不能直接用"不"的方式打破其心理。你要努力寻找与对方一致的地方，让对方默许你远离话题的故事，让对方对你的故事感兴趣，而后再想办法把你的观点引入故事中，最终引导对方按你的观点思考。

我们再来看一个实战案例。

保险销售员："您好，王哥，我今天来不跟您谈保险，我只想问您两个问题。第一个问题——我这儿有一堆软木塞，我想用50元一斤的价格卖给您，你要吗？"

客户王哥（摇摇头）："不要，我要软木塞干啥，我又用不着。"

保险销售员："第二个问题——有一天您带着家人去公园划船，可是船漏了个窟窿。这时，刚好有个可以堵住窟窿的软木塞，5万元一个卖给您，您要吗？"

客户王哥（点点头）："那还用说么，当然要了！我知道你想说什么了，你想说保险就是软木塞吧！"

保险销售员（笑）："被您看穿了，保险其实不存在骗不骗人，就是白纸黑字，受法律保护的合同。我只是想，50块钱就能解决的问题，何必要花5万元呢？"

客户王哥："行了，什么也别说了，拿合同来吧，我签了！"

其实，保险销售员在销售保险时，只要讲一个让客户有共鸣的故事，客户很可能就会主动提出购买保险。

而一个故事若想让客户有共鸣，至少要做到两点：第一是让客户觉得故事是亲身经历的或真实发生的；第二是以情动人，打动客户的心灵。只有这样的故事，才更容易说服客户。卖保险并不是件困难事，有时候，你离签单其实只差一个好故事。

◎ 带有愿景的故事，和客户一起畅想

内容简析

说服客户的故事一定是带有愿景的，带有愿景的故事，能拉近保险销售员与客户的距离。保险销售员在说服客户的时候，一定要先了解对方的接受层次在什么位置，也就是说，先到他所在的世界转一圈，再确定用什么样的方式说服他。

"姐，我是您同事介绍来的保险业务员小张，听说您喜得麟儿，恭喜恭喜啊。"一进门，小张就满面笑容地说道。

此时，客户正抱着新生儿坐在沙发上，听见小张的祝贺，她挺开心地说道："谢谢，是这样，我听我同事说，你们有一款专门给孩子的保险，能说给我听听吗？"

小张点点头："不瞒您说，我是从今年初才开始接触保险的，因为我姐年前刚生了孩子，而且就是在我现在就职的这家保险公司给我外甥买的保险。"

说完，小张拿出一张表说道："姐，您看，您孩子刚满月，可以购买这款终身分红险。咱们当父母的，肯定要为孩子做长远打算，而这款保险就能保障孩子一辈子的利益，您听我给您算啊。"

小张一边说一边在表上画着：

"每年缴费 10 万元，缴纳 10 年，总计 100 万元。

"孩子 5 岁时，每年可获得 5 万元的零用钱，从孩子 7 岁开始，每年可获得 32000 元的年金，这笔钱可以终身领用。

"在孩子 75 岁时，保险公司将全额返还已缴纳的 100 万元，如果在 75 岁前身故，这笔钱会在身故时返还给孩子的后代……"

客户听得双眼发亮，不住地点头，等小张算完，客户立刻说道："这款保险我买了，咱们什么时候签合同？"

这样一款保险听上去确实很有诱惑力，只需要用 10 年时间交 100 万元，孩子的终身就有了一笔可靠的收入。听着这样的愿景，谁不想为自己的孩子也购置一份呢？

所谓愿景就是能对未来做一定的规划，为未来树立一定的目标，以此来鼓舞人心。而通过带有愿景的故事，能让客户对未来充满信心，并对当前所经历的痛苦保持一种乐观积极的心态，让他们觉得所经历的痛苦和困难都是非常值得的。

能够激发客户热情，帮客户树立目标的故事，就是所谓的愿景故事。保险销售员需要通过带有愿景的故事，与客户一起畅想我们现在要做些什么，我们的将来会是什么样子的。

很多保险销售员不会讲愿景式故事，因为他们不知道从哪里寻找故事素材。

对大部分保险销售员来说，"寻找故事的素材"都是一个不小的困难，因为大部分人都认为自己的人生过得比较顺利平凡，身边人也很少能找到特殊的事情，翻来覆去总用"大病""意外"等做故事素材，不但客户听烦了，就连自己都讲烦了。

其实，不知道如何讲述愿景式故事的保险销售员，大都有这样一个共同的特点——他们认为，故事的素材只能是一些重大的事件，就像占据新闻头版的头条一样！

这种想法并不正确，引人入胜的故事并不局限于大事件，其实那些每天发生在我们身边的平凡小事，往往更容易引发客户的共鸣！

我们可以通过以下两方面来为客户打造一个带有愿景的好故事。

第一，选择那些亲身经历的真实事件或者在现实生活中发生概率比较大的事件。

在选择了事件之后，要为故事选择一个能让客户找到自己影子的典型角色，然后将整个故事有条理地展开，并在其中加入肯定的信息。比起那些讲烂了的大事件，真实的事件往往更能获得客户的青睐。

第二，为了让客户更容易获得感悟，要尽可能将事件发生的时间、地点具体地展现出来，以增加故事的真实性。故事的主人公应该从客户当中选取。如果客户是个销售人员，那故事的主人公就可以选择为销售业绩苦心经营的推销员；如果客户是个客服人员，那么故事的主人公就可以同样是客服或顾问等。让客户作为故事的主角，能让他们感同身受，也能引起他们极大的聆听兴趣。

"赵姐，听说您儿子要结婚了，恭喜恭喜啊，这可是人生的最大喜事之一了！"保险销售员小程笑着说道。

赵姐微笑着说道："谢谢你。"

小程热情地跟赵姐拉着家常："房子和车子都备好了吧？现在女方都要求这些。"

赵姐点点头："都准备好了，房子我家拿的首付，剩下的他们两口子还。哎，我跟他爸攒的这点儿家底，估计全得折腾进去。"

小程也叹了口气："这可不行啊赵姐，虽说我是个外人不该多嘴，但您还是得给自己儿子留点私人财产。"

"谁说不是呢。"赵姐立刻觉得小程挺"上道"的，"我跟儿子说，签个婚前协议。可是儿子说签婚前协议影响感情，死活不同意。"

小程也摇了摇头："赵姐，孩子刚结婚，谁都不会往不好的地方想。但签婚前协议确实影响感情。而且，您这房子有贷款，涉及共同还款问题了，肯定有人家女方的一部分。就算您是全款买的，谁也不能保证一辈子就住一套房子，万一人家小两口决定卖了房子再换个大的，这一买一卖，婚前财产可就变成夫妻共有了。"

"这我倒是不懂，那你说我应该怎么办？"赵姐问道。

"您应该知道分红型保险吧？其实，您可以给您儿子买一份，这种保险归属权清晰，而且只属于被保险人自己，谁都分不走！咱也不是有坏心眼非得防着别人，只是做父母的，怎么也得替孩子考虑周全呀。"小程说道。

赵姐想了想，说道："你说的太对了，你们都有什么分红型保险啊？给我说说。"

看看！设身处地地站在客户的角度想问题，客户就会顺着你的思路畅想自己的未来。不管是好是坏，你都只是给客户罗列了可能会发生的事，以及你能帮助他们做出的选择。

带有愿景的故事，一定是个能够打动人心、让人信服、让人着迷的出色的故事。而作为一名保险销售员，用带有愿景的故事与客户交流，往往更能让客户带着兴趣听完你要说的话。

◎ 带客户进入你的故事模式

内容简析

推销保险的本质说白了就是交换：对方获取保障，保险销售员获取收益。这就意味着保险销售员不应把眼光只局限在自己想要的，还要让客户也得到他想要的。这其中的关窍就是带客户进入你的故事模式，再从共识出发，用故事将其观点往自己的思维上引导。

"小张，你别再来了，我说了不想买保险。"客户宋阿姨说道。

宋阿姨是小张妈妈的老同事，为人固执，一旦对某件事有了成见，八头牛都拉不回来。很不幸，她对保险就有着很大的成见。

"宋阿姨，我能理解您的心情，不光是您，其实我的同学们也老劝我，一个名牌大学毕业的人，为什么会回老家卖保险。可后来发生了一件事，这件事让我觉得，卖保险比在北上广深的某些大公司工作更有意义。"小张诚恳地说道。

"哦？是什么事？"宋阿姨来了兴趣。

小张叹了口气，说道："当时，我跟我的舍友们都刚参加工作，为了互相有个照应，我们四个人合租了一套房。有天下班回家，我看见一位保险员正在跟我的舍友小顾推销保险。小顾家里很困难，我就劝他不要买，并告诉他保险都是骗人的。"

"然后呢？"宋阿姨问道。

"小顾听了我的话，让保险员回去了。"小张有些痛苦地说道，"可谁也没想到，一周之后，小顾在下班路上出了车祸，腿截肢了。他家里人为了高昂的医药费到处借钱，他妹妹也辍学打工去了。如果不是因为我的一句话，可能他的腿就保住了，他妹妹也可以继续读书，他爸妈也不用背上一身债务，都是我害的！从那以后，我就没办法再上班了，我只想通过这种'未雨绸缪'的方式，让更多家庭没有遗憾，这也算弥补我心里的愧疚……"

小张哽咽地说不下去了，宋阿姨怜悯地看着小张："孩子，别说了，是我对保险有偏见。你说的对，谁都没办法预见意外，你也帮我买一份吧。"

对保险销售员来说，最好的销售方法就是用故事打动客户。而最好的故事，一定是让当事人有同感，但不是与当事人直接相关，且加入了很多细节的故事。

在犹太人当中流传着这样一个故事：

在一个暴雪纷飞的寒冬，一个被冻得瑟瑟发抖的赤裸的少女走进一个村庄，这个少女的名字叫"真相"。当少女走在街上的时候，人们都被她赤身裸体的样子给吓坏了，纷纷躲进自己的家里关上大门。

少女看到人们都躲着她非常绝望。就在这个时候，一个名叫"寓言"的少女给赤裸的少女肩膀上披上了一件"故事"的披风。

当少女穿上这件披风之后立刻鼓起了勇气，开始敲开那些紧闭的大门，而这个时候村民们就像之前的事情没有发生一样，打开大门让少女进来，给她准备了热气腾腾的饭菜，并且和她一起烤火取暖。

这个故事向我们说明了人类本能上所偏爱的一种沟通方式——与直截了当说出"事实"相比，人们更容易接受"披上外衣故事的事实"。

在现实生活中，直接说出事实的真相是很难让人接受的，越是直接越会遭到人们的防备和拒绝。这是由于人们对特定的事实有着自身的固有观念。而如果把事实与情感、故事相结合，就能让对方卸下对你的防备之心，进而接受你。

就拿本文开头的例子来说，如果小张直接说："宋阿姨，您买个保险吧，万一哪天出车祸了，您就能用得上了。"那宋阿姨不但不会购买保险，反而还会骂小张几句。

理查德·麦斯威尔曾经说："讲故事就是把情感植入事实的转换过程。"而与保险销售员本人相关的故事，更能因为其"真实性""震撼性""同理心"等因素感动客户。

若想把客户带入你的故事模式中，故事的细节一定是不可缺少的因素。如果对细节不能很好地讲述，就加入些对话，这样也能将对方的注意力快速吸引过来，进而将对方带入故事的情境中，为你说服对方加一筹胜算。

举个简单的例子，当你女友问你"为什么爱我"时，你会怎样回答她呢？

普通人会回答："因为你美丽、聪明、会做饭……"

而聪明人会说："去年，我因为工作方面的压力，总是失眠，而且食欲不振，老跟你发脾气，但是你从来没跟我计较过。你还记得去年有天早上，我昏昏沉沉地起了床，看到你正在厨房帮我做早餐。你一边忙自己的工作，一边还来照顾我，我真的特别感动。后来，当你把做好的早餐端给我的时候，我就在心里暗暗发誓，一定会爱你一辈子。"

看，用了细节之后，效果立马就会不一样。你的女朋友和你的客户都会觉得你是个真诚的人，而你推荐的东西他们也会更认真地考虑。

当然，若想把客户带入你的故事中，气氛也是很重要的一件事。

我们在用故事说服客户的时候，不仅要在故事中营造场景，也要注意现实中的气氛。

试想，如果客户正处在人生的高峰期，你给他讲一个苦难的故事，也许他并不能很好地理解；又或者，当客户有紧急的事情要去处理时，你偏拉着人家讲故事，客户不但听不进去，可能还会给你一拳。

总之，将客户带入你的故事模式中，你离签单成功就只有一步之遥了。身为保险销售员的你还在等什么呢？赶紧打造一个属于你自己的故事模式吧！

◎ 讲出专属于你的保险故事

内容简析

　　对保险销售员来说，专属于自己的保险故事是最能打动客户的。若想用故事说服别人，首先要说服自己，如果你的故事连自己都说服不了，又怎么能说服对方呢？

　　我们总是被别人的故事所感动，我们总是被别人故事所激励。

　　其实，我们每个人都是有故事的人，我们每个人也都是故事的主人公，无论是残疾还是乞丐，无论是英雄还是平民，无论是富豪还是穷人，都拥有着自己的世界。

　　当你仔细品味那些过往的时候，就会发现，自己的故事才是最动听的。

　　"小刘啊，你这个保险太贵了，每年要交 1 万块钱，还要交 20 年，我根本交不起啊。"客户白阿姨说道。

　　"白阿姨，您给孩子买保险从来不手软，我知道这是因为您爱孩子，可怎么轮到给自己买保险，就这么小心翼翼了呢。要知道，您的孩子宁可什么都不要，也想保证您的健康呀。"小刘诚恳地说道。

　　"我才 50 岁，身体好着呢，用不上那个。"白阿姨摆摆手想打发小刘。

　　小刘想了想，说道："白阿姨，我有个事一直没跟别人提起过，今天我给您说说吧。我大姐十三年前买了份保险，是给我外甥买的。那时候，家里都穷，但是我外甥争气，学习一直很好，我大姐就是怕他上大学的时候没钱。家里穷啊，一家人吃饭都吃不起了，我大姐身体一直不好，给孩子买了保险的第三年，她就查出了恶性肿瘤。当时，家里人都劝她退保吧，把钱拿出来买药吃，可我大姐死活不同意，还威胁家里人，谁要是把孩子上大学的钱退了，她现在就拔管子。就这样，孩子上大学的钱保住了。"

　　小刘擦了擦眼泪，继续说道："没到一年，我大姐就没了。我外甥这钱，三年前就能取了，可这孩子死活不取。我跟他说，可以取电子保单，你妈妈保下的这张纸质保单，你还可以留着。可这孩子就是不听，一说这事就跟我急眼。我也不知道这孩子咋想的，可能就是恨自己当时的无力吧，所以现在不管咋说，都不想动这笔钱。"

听完小刘的故事，白阿姨的眼圈红了："别说了，小刘，签单吧。"

与自己密切相关的故事，不仅能感动自己，更能打动别人。尤其当这个故事是你专属的故事，客户从没在其他人那里听说过的时候，这个故事就更容易打动他们。

我们来设想这样一个场景——你握着手里的遥控器，漫不经心地转台，这时，你转到了一个电视购物频道，主持人正在那里卖力地推销着产品："电视机前的观众朋友们，这是我们本月最后的一次促销活动。由于促销的力度很大，现在我们的订购热线已经是爆满的状态，订购数量也是直线上涨的状态，现在只剩下不到 10 组的产品。机会是不等人的，赶紧拿起电话竞购吧。"

当你听到这样像连环炮一样的广告语时，是不是会停下来看上一会儿？即使你知道，他们嘴里"只剩下××组""还有最后××件"只是商家进行推销的广告词，但你心里还是会产生"不买就会吃亏"的感觉。

保险故事也是如此，当保险销售员讲起自己亲身经历的故事时，就算客户潜意识里认为"这是假的""这与我无关"，但他们还是会不自觉地跟你产生亲近感，最后被带入你的故事中。

在保险销售过程中，最忌讳的就是"直白"。

保险员销售员甲："这份保险特别适合您，您在工地上班，意外多，万一哪天出事儿了，您老婆孩子就能获得一笔钱维持生活。"

保险销售员乙："我觉得，这份保险特别适合在工地上班的人，我之前就在工地干过，那时候还差点出了意外。当时我就想，如果我有这么一份保险，我就能给家里人一份保障了。"

不用多想，保险销售员乙的话，一定比保险销售员甲更有说服力。为什么？因为他将故事的主人公换成了"我"，这就大大降低了客户的抵触心理，从而让客户更冷静、客观地听你说话。

此外，在与客户打交道的时候，记下对方的触动点和痛点也很重要。

在与人交往的过程中，我们时常被对方感动，也常常让对方感动。然而，有些人讲的故事却始终打动不了对方，甚至有时候把自己都说哭了，对方还是无动于衷，这种场面就颇为尴尬了。

其实，讲一个让对方感动的故事很简单。举个例子来说吧，你的朋友喜欢香蕉，而你喜欢桃子，如果你将自己最喜欢的桃子洗好，放进漂亮的水晶果盘里送给你的朋友，你的朋友可能只会淡淡地说"谢谢你"，你发现你并没有达到自己的预期，朋友的反应也没有给你想要的效果；反之，如果你给你的朋友买了一把香蕉，即使不用包装，他也会很高兴，他会觉得你把他的喜好记在了心里。这就是记住对方触动点的好处。

就像前面的例子，小刘知道客户白阿姨最爱孩子，便从亲子关系入手，成功用自己的故事打动了白阿姨。试想，如果小刘忽略了这点，选择"夫妻关系"切入故事，那么，即便白阿姨会感动，可能也不会立刻购买这份保险。

人与人之间的交流是建立在信任基础上的，产生信任的基本前提就是真诚，只有真诚地对待别人，才能获得别人的信任。

当你把自己的专属故事和盘托出，就等于给客户放出了这样的信号——"我是信任您的，希望您也能信任我。"而当你获得了客户的信任后，成功地将保险推销出去也就指日可待了。

6

客户拜访，突发情况巧应对

◎ 获得客户，先炒热你的朋友圈

内容简析

　　朋友圈是获得客户的最佳途径之一，要想让客户找上门来，最好的办法就是利用朋友圈营销技巧炒热你的朋友圈。抓住客户看朋友圈的时机，适当地发一两条新鲜有趣、实用有价值的信息，再加上点双方小互动，你的朋友圈自然会活跃起来。

　　保险销售最重要的是积累客户，有客户才会有生意。那么，客户到底要从哪里去找呢？大街上发传单？直接陌生拜访？显然这些方式在 21 世纪成效甚微。在这个互联网时代，你要想获得客户，就要从朋友圈入手。

　　不管是购物、旅游还是教育、生活，只要能想到的信息都能在朋友圈看到，这个圈子就相当于一个天然的客户市场。如果你能炒热你的朋友圈，赢得朋友圈众多人的信任，那么你的客户就会不请自来。

　　我们身边有很多保险销售员，每天都很勤奋地发保险类的朋友圈，从保险理念到产品，从需求激发到异议处理，发得可谓面面俱到，但结果坚持了没几天，就被好友纷纷屏蔽了。

人都说天道酬勤，为何这些保险销售员的成效却是这样呢？别急，且来看看他们的朋友圈文章。

××旅游团遭遇车祸，100人里面居然只有2个人有保险？

××癌症只有××公司能够理赔，其他公司都要癌细胞转移后才能赔！

下个月不会再有返还型保险，重疾险涨价30%！

相信任何人看到这些文章，都不会燃起强烈的购买欲望。悲情卖惨，谣言传导，每天十几条保险内容，这种营销模式别人不屏蔽你才怪。我们可以接受电视剧偶尔来两条插播广告，但是不能接受广告里面插播电视剧，这种做法只能是自寻死路。

要想炒热你的朋友圈，真正积累客户资源，你必须要搞懂朋友圈营销。

朋友圈营销第一步，快速吸引人群目光。

我们可以换位思考一下，我们在刷朋友圈的时候，最想看到的内容是什么？简单归纳一下，无非是有趣的和有用的。

大家每天工作都很累，刷朋友圈无非是想要缓解自己的疲劳。看一看附近有什么好吃的饭店、好玩的地方，最近有什么好看的电影、电视剧，以及可爱的宠物、古怪精灵的孩子等，这些都是大众最爱消遣的内容。

如果你的朋友圈里面有一些金融圈的白领、IT行业的大神等高级别人物，你也可以结合热点发一些幽默的段子。

比如股市又低到历史低位了，你可以这样发朋友圈：小时候总以为自己是祖国的花朵，长大后才明白我们是祖国的韭菜，一旦成熟分分钟被成片割完。或者截图发自己或他人空仓的股票账户，感叹一句还是买保险靠谱啊！

当然，除了这些有趣的生活日常，最重要的还是要发与保险相关的内容。这里的保险内容是真正有用的、对好友有价值的保险信息。千万不要一上来就罗列保险话术，或者发欠债不还、遗产税不交、离婚不分这些跟绝大部分人都没有关系的东西。

要想让好友觉得有用，可以发一些简单明了、清楚地说明对好友有什么好处、为什么他们需要保险的相关内容。比如看完××电影，给大家科普一下各种癌症药的价格，买这些药医保可以报销多少，商保可以报销多少；社保养老金一个月能领多少钱，我们怎样通过保险来实现高品质的晚年生活等。

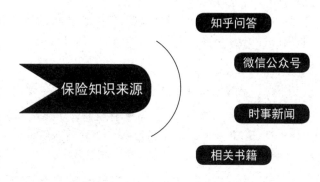

朋友圈营销第二步，掌握好发送时间和频率。

很多保险销售员成功在朋友圈吸粉后，最容易犯的一个错误就是趁热打铁，不停地在朋友圈刷屏。这种做法不但不会让你的"粉"越来越多，反而会让好友大量流失。因为即使你的内容再有趣，发得多了也会让人产生审美疲劳，甚至给你贴上"刷屏狂魔"的标签。

如果你仔细观察就会发现，好友刷朋友圈有三个时间点：一是 7 点到 8 点，起床后看一下好友做了什么，有没有新鲜事或重大新闻；二是 12 点到 14 点，午休时间好友一般喜欢看看有什么轻松、搞笑的内容；三是 19 点到 22 点，晚饭后好友的时间比较充裕，一般会看一些有深度的内容。

保险销售员发朋友圈时，完全可以参考这三个时间点，相应地发一些好友会关注的内容。如果你发布的内容时效性比较强，也可以随时发送，只要切记不要刷屏即可。

在发送频率上，通常一天不要超过 3 条。如果你对你的好友足够了解的话，还可以把不同的好友备注成不同的标签，然后根据不同分组分别发送不同的内容。这种精准推送内容的方式，更容易让你获得客户。

朋友圈营销第三步，及时和好友互动。

发送朋友圈的最终目的是获得客户的认可，争取与客户取得联系。如果你一味地沉迷在自己的世界中，是很容易让"鱼儿"都跑掉的。

互动分为两种方式：一种是别人参与你的话题，另一种是你参与别人的话题。

相对来说，第二种互动方式比较简单，当好友发布内容后，你进行点赞评论就可以轻松完成。比如一个好友经常发旅游的内容，你刚好也喜欢，于是评论一下好玩的地方，然后邀请对方一起旅游。这样一来二去，你就和好友熟稔起来，甚至可以通过他认识更多的人。

值得注意的是，千万不要不分青红皂白，对所有人都评头论足。做得太过，就会显得十分矫情刻意，甚至无形之中得罪很多人。

如果你想让别人参与你的话题，就要保证你的话题有足够的吸引力。最常见的一种增加互动的方式就是在朋友圈向好友求助，比如你可以发布：万能的朋友圈，谁可以推荐一下××市靠谱的辅导老师。这种话题通常都能得到热心的回复。

还有就是发送相关的靠谱知识，吸引好友前来打听或者咨询。比如发送医保报销的内容、旅游中的维权问题等。

学会这些朋友圈营销技巧后，你的客户就会慢慢被你吸引，你距离签单的梦想就不远了。

◎ 什么样的人最需要买保险

内容简析

　　聪明的人不打无准备之仗。拜访前，先要了解一下什么样的人最需要买保险。然后，精准定位目标人群，比如家庭经济支柱、儿童、职场青年、成功人士等。认真分析这些人群的需求，抓住让他们感觉最痛的点，你的销售就成功了一大半。

拜访客户前，保险销售员首先要搞明白一个问题：什么样的人最需要保险？一些初出茅庐的热血保险销售员可能会说，人人都可以买保险，人人都是客户。其实不然，如果你把你的目标客户定义为所有人，然后盲目地去拜访客户，其结果大多是被拒之门外。

首先保险并不是人人都可以买，比如已经患有重大疾病的人、超过年龄限制的人等，这些人是无法购买保险的。其次陌生拜访并不代表浑水摸鱼，你要做的是寻找最需要保险的客户，提高销售的效率。

在陌生拜访前，你需要做的是在众多的客户之中，筛选出最需要保险的客户。

然后认真分析这些客户的需求，准备好相关资料。拜访前准备齐全，才能加大成功的胜算。

在琢磨哪些客户是你的目标之前，还要搞清楚不同的人群适合购买什么种类的保险。具体内容如下表所示：

险种	保障内容	最需要的人群	保障期限	购买建议
意外险	摔伤烫伤、交通事故等意外造成的医疗费用；意外死亡、全残	儿童、青年、承担家庭责任的成年人等	1 年	买一年期，重点关注医疗保额
重疾险	弥补重大疾病造成的经济损失	承担家庭责任的成年人等	终身	保终身，保额 50 万元起
医疗险	弥补因为生病而产生的门诊、手术、住院费用	儿童、老人、青年、承担家庭责任的成年人等	1 年	首选百万医疗险
寿险	意外死亡、自然死亡赔付保额	承担家庭责任的成年人等	到 60 岁	购买定期寿险
理财险	教育金、婚嫁金、养老金等	成功人士、儿童等	无限制	根据资金情况购买

通过表格保险销售员很容易了解到，不同人群所需要的保险种类。接下来保险销售员就可以找出拜访目标，然后对症下药。

在所有的客户中，下面几类人群是最需要买保险的。

一、家庭经济支柱

我国大部分家庭的结构都是"男主外，女主内"，也就是说丈夫一般是家庭的经济支柱，整个家庭收入的主要来源都由丈夫来负责。其实这种家庭结构非常危险，一旦家庭赖以依靠的经济支柱发生意外，整个家庭就难以继续生存下去。

小路之前遇到过这样一个案例。一个经济水平中等的家庭中有一对夫妻和两个孩子，其中丈夫是家里的主要劳动力，妻子虽然有工作但是收入不高，两个孩子正在读中学。

小路去这家拜访时，建议让丈夫购买一份重疾险，妻子很乐意购买，但是丈夫却认为房贷还没还完，保险以后再说。于是，夫妻双方就暂时放弃了购买保险的计划。

没想到，一年后妻子哭着打电话到保险公司，问她丈夫是否能买保险。小路经过一番询问才得知，她的丈夫刚被诊断为弥漫性大 B 淋巴瘤。小路为此惋惜不已，却也爱莫能助。

妻子没有办法，只能卖掉尚在还贷的房子，同时为自己购买了一份重疾险。签单的时候，妻子对小路说："我丈夫的事情已经没有办法挽回了，现在我相当于家里的经济支柱，所以我不能再重蹈覆辙了。"

生活中这样的案例有很多，因为一个人毁掉一个家庭的事情上演过无数次。对于整个家庭来说，经济支柱是最需要保险的人。给家庭经济支柱买一份保险，相当于给家庭增加一根钢筋，一旦大难来临，这根钢筋可以帮助家庭抵抗风险。

二、儿童

大多数父母都有一个通病：再苦不能苦孩子。无论是教育还是衣食住行，只要父母尚有余力，总希望给孩子最好的。

不过，对于大部分的普通家庭来说，养育子女的开销真的很有压力。除去学费、衣食住行这些大的费用不说，就连普通的感冒发烧都要花不少钱。再加上童年时期的孩子生性活泼好动，意外事故频发，这些都需要大量的资金作支持。

因此，儿童也非常需要一份保险。比如医疗保险可以报销大部分医药费用；意外保险可以及时应对孩子顽皮时的意外；教育金可以替子女做一笔储蓄，减轻未来的教育负担等等。

再者，儿童的年龄小，买保险存在保费低、保障高、保险期限长等诸多优势，所以很多家庭都十分倾向于购买儿童保险。由此可见，儿童是一个巨大的客户市场，保险销售员不妨多多注意有儿童的家庭，把他们当作陌生拜访的切入点。

三、职场青年

现在的 80 后、90 后由于激烈的职场竞争环境，很多都患有职业病，其中有大部分人都处于亚健康状态。近年来，职场青年猝死的新闻也屡见不鲜。对于这些人来说，保险已逐渐成为生活所需。

另一方面，现在的职场青年大部分都缺乏理财意识，很多人都属于"月光族"，甚至"月欠族"。职场青年购买一份保险，万一生病了可以赔钱，如果没钱还可以当作一笔强制储蓄，既能规避风险又能达到存钱的目的。

四、成功人士

很多人认为站在金字塔尖的成功人士不需要保险，他们自身的实力可以应付一切风险。其实不然，成功人士一旦出现风险，比如经营失败、股市大跌等，瞬间可以让他们倾家荡产，甚至负债累累，家人也跟着他们受苦。

我国保险法相关法律规定，人寿保险金不得用于抵债。这意味着即便成功人士的资金遭遇不测，被强制冻结，他们购买的保险资产也不会受到影响。所以成功人士更需要保险，这样他们才能建立一道家庭资产或者企业资产的防火墙。

除了上述客户之外，还有很多人需要保险。比如没有安全感的家庭主妇、年迈多病的老人等。但销售不是一件一步登天的事情，保险销售员在拜访前要做到的就是精准定位自己的客户，一击即中最需要买保险的人，这样在销售过程中能节省不少力气。

◎ 初次拜访，别只顾着说保险

内容简析

初次拜访，最重要的是拉近自己和客户的距离，消除陌生感，赢得客户的信任。试着说一些与保险无关的其他话题，比如陈设、房子、车子、社会新闻等，找到客户感兴趣的地方，你才能走进客户的内心世界。还有，别忘了给自己留好后路！

在人际交往中，第一印象尤为重要。对于保险销售员来说，初次见面是开展业务的关键，一定要利用这次会面为未来签单做好铺垫。

不过，很多保险销售员在初次拜访客户时，往往表现得急功近利，大概是出于节省时间的考虑，他们往往只顾着夸耀自己的产品，却丝毫没有考虑客户的感受。

小张刚刚进入保险公司不久，就接到了一个陌生拜访的任务。她赶紧把保险产品和话术复习了一遍，就匆匆赶去客户家了。

到达目的地后，小张一见客户就急着说道："左先生，您好，很高兴见到您。

我是××保险公司的销售员。您可能不知道，这次我们推出的意外险特别好，不仅保障范围特别广，而且赔付力度还很大。如果您有需要的话，我们现在……"

就在小张喋喋不休地向客户介绍产品的时候，客户"哼"了一声，转头就把门关上了。小张忙活了半天，结果连门都没有进去。她心中十分纳闷：招呼已经打了，态度也挺好的，怎么到头来反吃了闭门羹呢？

小张作为保险新人，一直谨记着自己的销售目的，在拜访前还不忘临场复习。见到客户问好后，生怕自己在公司背了半天的产品介绍和卖点会忘掉，赶紧朝着客户一通介绍，结果却吃了闭门羹。

其实小张的做法是现在很多保险销售员的通病，试问有哪个客户乐意听一个不认识的人背一堆听不懂的东西呢？介绍产品固然重要，但第一次登门拜访时，首先应该做的是拉近自己和客户的距离，消除陌生感，赢得客户的信任。

保险销售员要知道，客户购买保险的心路历程，一定是先信任，然后再感兴趣，最后再签保单。

成功的保险销售员在初次拜访时，各有各的本事，但归纳起来，他们都有一个共同的行为模式，那就是二八原则。先利用80%的时间和客户闲聊，拉近感情，然后用剩下的20%的时间介绍自己、公司和产品。如果80%的时间没有达到预期效果，宁愿继续占用后面20%的时间。

那么关键来了，这80%的时间聊什么呢？关于聊什么话题，我们可以分两类来分析，一类是完全陌生的客户，另一类是有所了解的客户。客户办公室的陈设、房子、车子、孩子、社会新闻等，都可以作为聊天的内容。其实无论聊什么，最关键的在于你能够试探出客户感兴趣的话题。

比如当你走进客户的办公室时，发现他鱼缸里养着不同颜色的虾，你怀着好奇的心态问一句"这些是什么虾"，没准儿一句话就找到了客户的兴趣所在，客户就会打开话匣子，兴致勃勃地和你讨论这些虾的故事。一旦客户打开心扉，认为你是一个聊得来的人，那么还怕客户会对你冷冰冰吗？

每个客户的年龄、爱好、性格都有所不同，有人喜欢书法绘画，有人喜欢逗猫遛狗，每个人都有自己感兴趣的地方。初次拜访你要做的就是发现客户这些厉害之处，激发他们"好为人师"的心理，认真倾听并附和他们感兴趣的话题。这样一来，不仅能拉近和客户的关系，还能免费学到一些知识，以后再有客户对相关的话题感兴趣，你也能聊上两句，简直是一举两得的事情。

在了解了客户的喜好之后，你要有针对性地把自己营造成这方面的专家，给客户带去一种另一个身份的感觉。如果客户喜欢红酒，你就提前了解一些红酒的知识，收集一些关于红酒的趣闻等。

保险销售员可以根据不同的客户群体，在拜访前设置好人设营造。

针对初级客户群体，可以准备一些吸引人的新闻、趣闻等，拜访时使用准备好的话题和客户拉拉家常，聊聊天。

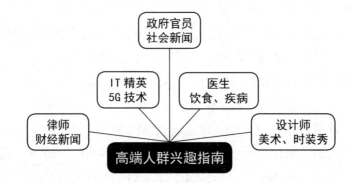

高端客户的价值更高，拜访前就要针对每个客户一一进行准备。虽然这个过程可能会耗费很长时间，但只要谈成一个高端客户，你就能获得丰厚的收益。

还有一点需要注意，即使初次拜访的时候，客户对你的产品很感兴趣，也不要过多地介绍你的产品。很多保险销售员生怕自己说漏了某一个产品特点，所以经常在客户面前背产品介绍背到忘我。而实际上，你费劲背的产品特点客户可能一个都不在意。

这时，你不妨静下心来，让客户自己看产品介绍，然后详细回答客户提问的地方。只有认真地听客户说，你才能知道客户最关注的是什么，进而才能抓住客户的痛点。

初次拜访一般控制在 40 分钟左右比较合适。自己、公司和产品控制在 5 ~ 8 分钟就可以。在整个拜访过程中，只要客户记住了你的名字、职业，觉得你这个人挺好，比较聊得来，这次拜访就是有效的，你就是不虚此行的。

最后还有一个重要的步骤，就是为下次拜访留下话题。初次拜访结束后，你一定要找一个理由为下次拜访做铺垫。比如"下次我们公司有其他产品，我给您带过来看看"，或者"下次专门给您定制一套贵公司的日历送过来"等。

卖什么不一定吆喝什么，客户不喜欢，你说得天花乱坠也无用。有吆喝的力气，不妨想一想客户喜欢什么，吆喝一些客户爱听的。客户听到自己感兴趣的，不用你请他也会自己上前问一问你的产品。记住，初次拜访，别只顾着说保险。

◎ 拜访之前，这些细节要注意

内容简析

　　"细节决定成败"，拜访前保险销售员要注意个人和客户的一些细节。仪容仪表、心理准备、客户资料、销售工具等细节，都是保险销售员成功拜访的关键。做好这些准备，你才有赢得客户的机会。

一次成功的客户拜访，是所有保险销售员开心至极的事情。虽然听起来这不是多大的事情，但是做起来一点也不简单。

第一个问题就是客户拜访前需要准备些什么。很多保险销售员费尽千辛万苦，拿到客户的联系方式之后，兴奋之际总是想一步冲到客户大门口，迫不及待地展示自己各方面的能力。

古人云："凡事预则立，不预则废。"保险销售员这样急切的心情是可以理解的，不过在拜访之前，保险销售员最好做足功课。只有做足了准备，才能有效提高拜访的质量和成功的概率，进而得到你想要的拜访结果。

拜访之前，你需要从以下两个方面着手准备：一是个人准备，二是客户准备。个人准备是指保险销售员自身需要做的准备，客户准备是保险销售员需要做的一些外部准备。具体来说，保险销售员在准备这些内容时，需要注意以下细节：

一、个人准备

1. 仪容仪表

仪容仪表在拜访环节尤为重要，往往影响着拜访的成败。保险销售员应当按照时间、场合、事件的不同，穿着合适的衣服。

如果去客户公司或单位最好着正装，将自己专业的一面展现给客户，给客户留下良好的印象。如果去客户家中或者一些娱乐场所拜访，就不必拘泥于正装，可以根据客户的平时穿着挑选合适的衣服。

2. 各方面知识

身为保险销售员，首先自己的专业知识一定要扎实。其次，平时要多了解一些其他方面的知识。因为保险销售员每天接触的客户可能来自不同行业，多一些知识储备能更好地应对各行各业的客户。最后，拜访前最好了解一下客户的喜好，以便拜访时取得良好的沟通。

3. 心理准备

拜访前情绪调整十分必要，保险销售员要以积极向上、冷静豁达的态度对待客户。拜访过程中，面对突发情况，保险销售员应该做好微笑准备、信心准备和被拒绝准备。

微笑是最好的名片，一个温暖的微笑不仅可以成为销售利器，还是营造愉悦气氛的良药。尤其是在陌生拜访的过程中，保持微笑至关重要。

自信是向成功迈进的第一步，保持自信乐观才会获得客户的信任。保险销售员可以通过自我鼓励增强自己的信心，以提高拜访客户的质量。

人都有自我保护的本能，每个人都会抗拒陌生的事和人，所以保险销售员要事先做好被拒绝的准备。一旦被客户拒绝，也不要灰心丧气，因为大部分客户的拒绝并没有恶意。被拒绝后可以尝试寻找其他突破口，逐渐取得客户的信任。

二、客户准备

1. 客户资料

正所谓"知己知彼，百战不殆"，想要得到客户的认可，先要足够了解客户。客户资料就是了解客户的最佳工具。通过收集客户资料，保险销售员可以了解到客户的职业、爱好、投保需求等信息，从而找到客户的痛点，为拜访做好充足的准备。

2. 销售工具

正所谓"工欲善其事，必先利其器"，保险销售员在销售产品时，不仅要靠产品来说话，还有善于利用各种销售工具。销售工具可以强化说明，促成签约。在适当的时候运用销售工具，可以让你获得意想不到的效果。

俞飞是保险公司的一位传奇人物，他拜访客户的绝招十分奇特。每次他拜访客户时，一进门就会当着客户的面，"砰"的一声将自己的公文包打开。很多客户都会惊讶地问他包里装的是什么。

此时俞飞就会神秘地告诉客户，包里装的是他的产品。然后，他会慢慢地从公文包中掏出一张一块钱的钞票和两个亮晶晶的一分钱硬币。

当客户询问俞飞为什么要带这两样东西时，俞飞会微笑地告诉客户，因为他在卖钱，每一元只卖两分钱。往往说到这里的时候，客户都会忍不住竖起自己的耳朵来听。接下来的事情，当然是水到渠成，俞飞顺利完成了任务。

成功的保险销售员总是能巧妙地运用销售工具打动客户，最终实现自己的销售目的。在销售产品时，准备好适当的销售工具是吸引客户的有效办法之一。

对于保险销售员来说，拜访前需要准备以下销售工具：名片、公文包、沟通工具、样本和其他相关的工具。

名片是现代商业交往中必不可少的工具之一，它能为我们做免费宣传。世界上最伟大的销售员乔·吉拉德最擅长的就是名片满天飞，不管是在餐馆就餐，还是在会场做演讲，他都会留下很多名片。要想把产品推销出去，千万不要忽视名片的宣传作用。

公文包不仅能存放文件和资料，还能体现保险销售员的身份和地位。优秀的保险销售员会随身携带干净整齐的公文包，在任何情况下都能在客户面前应对自如。

沟通工具包括手机、电脑等通信工具，还包括汽车等交通工具。手机、电脑等通信工具可以保证与客户时刻联系，以及向客户演示产品的相关信息；交通工具可以让你在客户面前保持守时的良好印象。

样本是指产品的样本，它可以让客户知道你是有备而来，让客户感受到重视，还能形象地展示产品，让客户一目了然。

3. 时间观念

保险销售员应该提前与客户约好时间，并准时到达。切记不要提前更不要迟到，以免影响客户的工作、生活，让客户认为你没有时间观念，从而对你产生不信任感。

"细节决定成败"，保险销售员要想得到客户的认可，必须重视拜访前的这些细节，做好充足的准备。

◎ 电话约访的五大必杀技

内容简析

电话约访是拜访客户的前提，要想成功约到客户，有一定的技巧可循。掌握基本的沟通涵养和适当地赞美客户，可以逐步获得客户的认可；适时提问，制造互动，可以赢取约访机会；正确面对拒绝，可以让客户无法说"不"；最后设置一些小悬念，总有一点会让客户同意会面。

很多刚刚入行的保险销售员由于经验不足，公司常常会安排他们做电话约访。对于这些保险销售新人来说，电话约访的过程中经常会出现各种突发情况。

比如拿起电话却不知道和客户说些什么，客户不耐烦时不知如何安抚客户，客户拒绝后不知道怎么应对等。因此，很多保险销售员在经过无数次拒绝、投诉，甚至谩骂后都心有余悸，不敢再拿起电话。

要想在电话中成功约访，一定要掌握电话约访的技巧，赢得客户的好感与信任，让客户心甘情愿地答应邀约。

要达到这个目的，保险销售员不妨试试下面的五大必杀技。

一、沟通涵养

电话约访的主要目的是说明自己的想法，成功取得与客户见面商谈的机会。要达到这个目的，就要掌握电话沟通基本的涵养。

首先，在打电话之前，保险销售员需要熟悉客户的基本资料，做好充足的准备。心理素质较弱的保险销售员可以事先在一张纸上列出重点的语句，防止在约访过程中由于紧张而忘记内容。

其次，在约访过程中，保险销售员要注意思路清晰，态度诚恳。说话时要有条理性，不能语无伦次，或者"东一榔头西一棒子"，让客户不明白你的意思。另外，电话约访不同于正式拜访，话语应当简单明了，无须过多赘述与业务无关的事情。

最后，成功约到客户后不要得意忘形，应当诚恳地向客户表达谢意。切记不要先客户挂断电话，要等客户先挂断电话，以示礼貌和尊重。

二、适当赞美

每个人都喜欢听好听的话，客户也不例外。在电话约访过程中，几句赞美的话很有可能会满足客户的虚荣心，获得客户的好感。因此，保险销售员要学会适当赞美客户，营造良好的谈话氛围，这样有利于让客户接受你的观点，最终成功完成电话约访。

需要注意的是，赞美的尺度一定要把握好，否则很容易弄巧成拙。赞美太多、太假，或者没有抓住重点，都可能会适得其反。保险销售员在约访前，最好了解一下客户的性格、喜好，这样更利于把握赞美的尺度。

三、适时提问

面对电话约访，很多客户都会选择沉默以对或者敷衍了事。面对这种情况，保险销售员可以适时提问，制造互动的机会，让客户真正参与到谈论之中。

那么，如何用提问的方式引导客户呢？这里介绍几种提问的方法。

1. 选择提问法

在谈话中，每个人都希望自己是谈话的中心。如果保险销售员只顾着自己高谈阔论，很容易让客户失去存在感。当你发现客户已经心不在焉或者沉默不语时，可以适时抛给客户几个选择题，让客户感觉你时时在关注他的感受，这样客户自然而然就会与你互动。

比如："您觉得是 A 保障计划比较好呢，还是 B 保障计划比较好呢？"

这一招在最后征求客户会面时也有很好的效果。比如询问客户会面地点或者时间时，可以这样问："您看，我们是去您家里比较方便还是去您办公室比较方便？"或"您看，周一和周三您哪天有空呢？"

这样给客户一个选择，大部分客户就会忽略拒绝选项，而在你给出的两个选择中选择一个。

2. 主动引导法

人在不理解的事物面前，会习惯性地选择回避。当客户不回应你的时候，你可以使用一些问题，引导客户进入你的话题之中。当客户在你的节奏下渐渐熟悉陌生事物后，你们之间的距离就会拉近，客户也会慢慢加入互动之中。

比如："您之前了解过意外保险吗？"或"您知道医疗报销的内容都有哪些吗？"等。

3. 化繁为简法

比起喋喋不休的劝服以及生拉硬拽的方式，在约谈时不妨把问题想得简单一些。既然客户不想参与你的话题，或者拒绝你的邀约，你不妨化繁为简，直接询问客户拒绝的理由。得到客户的回复之后，你才能了解到问题的关键所在，从而及时寻找到策略加以应对。

比如："我刚才说的这些，您还有不明白的地方吗？"或"您觉得我们还有哪些需要改进的地方呢？"等。

四、拒绝处理

在电话邀约中被客户拒绝是常有的事情，面对拒绝保险销售员要怎样处理，才能既维护客户的面子又能把话题继续下去呢？

我们不妨来看看，优秀的保险销售员徐明是如何应对的。

徐明："您好，我是××保险公司的徐明。"

客户："我对保险不感兴趣，别浪费我的时间了。"

徐明："我了解您的想法，大部分客户在了解保险之前都没有兴趣，但买保险不是看您有没有兴趣，而是看您有没有需求。除了这个原因之外，您还有别的原因吗？"

客户："没有。"

徐明："我特别理解您，您的工作很忙。不过我希望您可以花3分钟听一下我们的保障计划，听完之后您觉得有道理，我们再进一步交谈。如果听完您觉得没有需求，就当您了解了一些这方面的知识。多了解一些各方面的知识总没坏处吧，您觉得呢？"

客户："好吧，那你说说吧。"

在电话约访过程中如果被客户拒绝，保险销售员首先应对客户表示理解，然后告诉客户参不参加活动是他的自由，接着用一个选择性问句把客户拉回到保险的主题，这样客户会比较容易接受。只要你的话题能够继续谈下去，那么约访就有成功的可能性。

五、设置悬念

电话约访时，保险销售员还可以在恰当时机设置一些悬念，比如送惊喜活动，或者这款产品引起疯狂抢购等。总之，只要你的悬念能够激发客户的兴趣，你就能获得成功的机会。交谈中，随着悬念慢慢地揭开，客户也会被逐步呈现在眼前的保险产品吸引，进而答应你的约访请求。

| 第七章 | Chapter 7

客户需求挖掘，找准症，好下药

◎ 激发客户危机意识，为客户创造需求

内容简析

  大多数情况下，客户之所以不愿购买保险，是因为他们没有足够的危机感。所以在销售过程中，保险销售员要做的就是激发客户内心的情感危机、养老危机、健康危机和意外风险等，让客户把保险当作生活的必需品。这样一来，客户才会心甘情愿埋单。

  保险销售员经常会遇到这种情况：客户虽然意识到保险的重要性，但是总觉得来日方长，现在不急着购买。这时，一些保险销售员可能就没了耐心，开始在客户面前狂轰滥炸，千方百计希望客户扭转心意，但客户就是稳如泰山，不为所动。面对这种情况，保险销售员到底应该怎么办呢？

  客户之所以不着急买，归根结底是他认为现在还没有保险需求。要想在短时间内达到成交的目的，就要让客户意识到问题的严重性，也就是激发出客户的危机意识，让客户感觉到保险必须要现在去买。

  想要激发客户的危机意识，首先要了解客户存在哪些危机。从目前来看，人们面临的危机主要有以下几种：情感危机、养老危机、健康危机和意外风险。

结合这些危机，保险销售员就可以对症下药，从各方面击破客户的防线，成功激发客户的购买需求。

一、情感危机

人类是一种感性动物，老人、孩子、配偶等这些情感关系是人生中最重要的东西。对于重感情的人来说，金钱只是身外之物。当客户犹豫不决时，试着借助客户最在乎的人，制造一些情感危机，通常客户心中的"秤"都会偏向情感这一边。

客户："你说得挺好的，可是我最近打算给孩子报些才艺班，所以保险的事儿还是先放一放吧。"

段鹏："看得出来，梁先生您真的是一个好爸爸，不过风险不等人。我们设想一下，假如有一天发生意外，您没有保险，那么您的妻子和孩子该怎么办呢？您忍心看到孩子小小年纪就负重前行吗？"

客户："你说的对，但是风险不一定就发生在我头上啊，而且我觉得现在重中之重就是孩子的教育问题。如果我现在不能给孩子最好的，我怕孩子以后会觉得遗憾。"

段鹏："孩子的培养当然重要，但是才艺并不能抵抗风险。更何况您的孩子那么聪明乖巧，肯定懂得体谅和满足。您能够一直陪在她身边，才是她一辈子最大的财富。"

客户："嗯嗯，的确如此。能一直陪在她身边，也是我一辈子最大的财富。我想好了，我们签合同吧，我要把这笔最大的财富留给她。"

日常销售时，有的客户一时认识不到保险的必要性，保险销售员要做的就是把风险摆在客户面前，用危机点醒客户。当你拿出比保险更重要的情感武器后，客户通常会意识到生命最大，然后就会摆正思想，在你的引导下顺利签单。

二、养老危机

每个人奋斗一生，都希望自己能有一个美好的晚年。很多人认为只要参加社会保险，就足以满足这个愿望。但事实上社会保险中的养老保险保障能力有限，要想有个幸福的晚年，单靠社会保险是不够的。

一方面，社会保险的缴费基数在不断增长，我们每年交的钱越来越多，并且缴纳社保的钱是不予退还的。

另一方面，正常情况下，只有到了法定退休年龄，也就是女性 55 周岁和男性 60 周岁才能领取养老金，再加上现在的退休年龄在不断延长，我们根本没有办法保证自己能否活到那天。

而与社保相比，商业保险的养老保险金领取时间比较灵活。通常商业养老保险金会规定在多少年领取完毕，有的也可以一次性领完。如果被保险人出现意外，受益人还可以继续领取。此外，理财型养老保险还可以分到红利。

需要注意的是，商业养老保险越早买越划算。其一，保险专家指出，28 ～ 50 岁是购买商业养老保险的最佳时期，因为这段时期人们通常会有持续稳定的收入。其二，年龄越小商业养老保险的保费越少，负担也相对较轻。

三、健康危机

如今，虽然人们的经济水平得到了显著的提高，生活的质量也越来越高，但是随着污染越来越严重，我们面临的健康危机也越来越大。酗酒、熬夜、饮食不健康等已经导致大部分人处于亚健康状态，甚至大大提高了患病概率。

更可怕的是，癌症、肿瘤这些原来 40 岁以上才会发生的重大疾病，现在越来越趋于年轻化，很多 20 多岁的年轻人都成了患病人群。

健康危机				
衣	衣物燃料	防皱甲醛	苯	……	……
食	农药	地沟油	酗酒	高脂肪	高糖
住	装修	电脑	微波炉	电视	手机
行	抽烟	二手烟	烹饪油烟	尾气	雾霾

这类重大疾病在初期阶段虽然不至于丢掉性命，但是其手术治疗费用非常昂贵，许多人都是被巨额的手术医疗费拖垮了整个家庭，甚至还有人因为无力治疗只能等死。

针对这些健康危机，保险销售员可以从生死角度激发客户的危机意识，从而为客户创造保险需求，获得签单的机会。

四、意外危机

世界上存在着很多未知的风险，无论是地震、海啸等天灾，还是交通事故、误伤等人祸，都是不可预测的意外危机。在保险销售过程中，保险销售员遇到的大都是有足够能力赚钱养家的客户。那么，如何让这些客户意识到意外危机并为此买单呢？

在这种情况下，保险销售员可以采取逆向思维，为客户创造对家庭保障的保险需求。在交谈过程中，保险销售员可以先引导客户想象一下低开销甚至零开销的生活，让客户在内心产生巨大的落差。接着再激发客户世事难料的意识，让客户明白人生变幻莫测，一旦发生天灾人祸，自己的家庭必将会陷入收入锐减甚至无力支撑的窘境。

大部分客户想到有一天自己的骨肉至亲会因为自己饥寒交迫、生活窘迫时，都会感觉到自己身上背负着巨大的压力。想到这里，客户就会积极主动地寻求减轻压力的方法。这时，如果保险销售员为客户制订一份完美的保险计划，客户签单的概率会非常高。

客户只有自己意识到危机，才会寻求保护之法。因此，只要能够激发客户内心沉睡的生活危机，让客户认识到保险对其是有利的，相信这份满足客户需求的保险计划终将会得到客户的青睐。

◎ 听懂客户的话外音

内容简析

在销售过程中，试着使用 3w 原则，认真去聆听客户为什么说潜台词，仔细去思考客户真正想要的是什么，努力去寻找解决客户需求的办法。做个有心人，听懂客户的话外音，往往会收获事半功倍的效果。

80% 的销售员都认为做销售关键是要会说话，所以他们一见到客户就滔滔不绝，但结果却是大部分客户听到一半就拒绝了。而那些优秀的销售员之所以能屡屡签单，就是因为他们知道做销售其实80%靠耳朵，20%靠嘴巴。

换句话来说，比起滔滔不绝地"说"，"倾听"更为重要。在销售过程中，保险销售员首先应该扮演好听众，而后才是演说家。倾听时，不仅要听懂客户的需求，还要听懂客户的话外音。

张凡追踪客户言某有一年多了，这天客户主动打电话让张凡去办公室聊聊。张凡到达客户办公室后，简单寒暄了一番，然后进入了正题。

张凡："言先生，我给您量身设计的保险方案您看过了吗？如果您有不明白的地方都可以问我。"

客户："我看了一下，觉得还可以。我就是想问问，你们公司还有没有什么优惠政策？"

张凡："不好意思，言先生，这个没有。其实您也知道，保险和其他产品有很大的区别……"

客户："好吧，那我考虑一下吧。"（说完，仔细翻阅保险计划书）

张凡（耐心等待10秒钟后）："言先生，您看我们也联系一年多了，您也知道了保险到底有多重要，就别犹豫了。这个方案是我为你量身打造的，您要是没有什么异议，我就帮您填保单了。"

客户："我看了保险计划书，这个计划的确不错，你把保单给我看看吧。"

案例中，客户言某询问优惠政策、仔细翻看保险计划书、看保险单等一系列的语言和动作，其实都是购买信号。张凡正是读懂了客户的话外之音，才选择主动出击，要求客户签单，最终顺利完成了这一单。

假设张凡在交谈过程中没有分析客户的话外之音，在客户说"再考虑一下"的时候，他选择安静退场，可想而知这单肯定就黄了。这就说明，在销售过程中，能够抓住客户的话外音十分重要。

说到这里，有些保险销售员可能会说，自己并不擅长沟通，听不懂客户的话外音怎么办呢？不用着急，其实听懂客户的话外音并没有那么难。

当你不知道客户说的话到底是什么意思时，不妨使用3w原则来判断一下。

3w 就是 "why、how、what"，也就是为什么、怎么做、做什么。

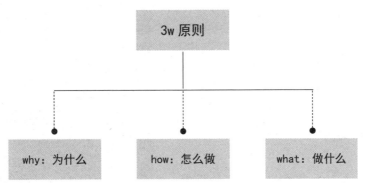

简单来说，3w 原则就是在客户说出带有潜台词的话语时，你首先要分析客户为什么说这句话，然后再从客户的角度去分析客户想要你怎么做，最后就是按照客户的真正意思去说客户想要听的话。

打个比方来说，如果客户对你说，价格太高了，你就要想想客户为什么要这么说，他是感觉你的价格比别人的高，难以做决定，还是不信任你，觉得在你这儿购买保险不靠谱，又或者，他觉得你说的都不是他真正关心的。

当你把所有的可能列出来后，接下来要做的就是考虑客户的真正意图。比如交谈过程中，客户提过其他保险公司，那他很可能觉得你的价格不如其他保险公司给出的保险计划实惠。这时，你就要把你的产品与竞品比较一下，找到你的产品优势，然后利用这些优势打动客户。

如果在整个交谈中，客户全程没有说几句话，并且情绪一直不高，那就说明客户不太信任你，他的说法很有可能只是一个托词。这时，你就不能再津津有味地说你的产品了。你应该找一些其他话题吸引客户，比如运动、新闻、陈设等客户比较感兴趣的话题，总之你要先赢得客户的信任。等到客户认可你的时候，你就有机会卖出你的产品了。

虽然客户的心思看起来很复杂，但说到底大部分客户关心的问题只有下列几种：我现在需不需要保险？这份保险能给我带来什么？买保险会不会影响我的生活质量？理赔是否会很顺利？等等。当你了解了客户的需求后，只要对症下药，解决了客户的问题，就等于成功了一大半。

另外，在交谈的过程中，你还要注意以下细节：

第一，客户说话时要认真把话听完，不要故作聪明"抢答"，没有人喜欢自己的话被打断。

第二，仔细体察客户的感情，辨别客户的需求。比如客户在提起自家孩子时表现出极大的热情，你就可以利用孩子的重要性设置情感危机，让客户认识到保险的重要性。

第三，及时反馈客户。销售过程中，不仅仅是保险销售员需要客户的认可，客户也需要保险销售员的认可。所以当客户说话时，保险销售员要适当给出反馈，及时让客户知晓你已经了解他的意思，这样客户才有继续谈论的欲望。

贴心小助手

客户的言谈通常能透露他的心机。一般来说，客户的心机有以下几种：
1. 对他人评头论足的人嫉妒心比较重。
2. 总是话家常的人，可能想和你套近乎。
3. 避开某个话题的人，内心一般潜藏着其他目的。
4. 诉诸传统的人通常比较保守。
5. 喜欢指责别人的人，支配欲望比较强。
6. 喜欢抱怨的人，心眼比较小。

第四，快速思考。倾听的过程也是思考的过程，通过客户的话语，保险销售员要迅速识别客户的需求，并找到合适的应对之策。

总之，只要认真倾听，读懂客户的话外音，抓住客户的需求，就能把握住成功签单的机会。

◎ 多角度搜集资料，全面了解客户

内容简析

要想打入客户的内心世界，就要想方设法去了解你的客户。大数据分析、客户收支情况、客户保险计划和客户个性等，都是搜集客户资料的角度。通过这些信息分析客户的需求，进而一举抓住客户的痛点，或许你的客户就肯买单了。

古人云："挽弓当挽强，用箭当用长，射人先射马，擒贼先擒王。"保险销售也是如此。在销售过程中，保险销售员需要练就一双火眼金睛，不放过任何蛛丝马迹，全面搜集客户的资料，了解客户内心真正的顾虑和需求，进而满足客户的利益需求，这样才能达到最终的销售目的。

然而，客户的内心需求一般都是隐性的，通常无法从表面挖掘出它们。保险销售员要想利用客户的需求，首先就要把客户内心潜藏的隐性需求变成显性需求。

挖掘客户的需求有很多角度，大数据分析、客户收支情况、客户保险计划和客户个性等，都可以帮助保险销售员全面了解客户。

一、大数据分析

大数据分析是信息爆炸时代的重要工具之一，它通过对众多领域中的海量数据进行分析，挖掘数据背后的潜在价值，比如客户的喜好、餐饮习惯、出行习惯等。依靠大数据分析，保险销售员就可以根据客户的需求提供有价值的产品和服务。

杨宇是××保险公司的金牌销售员，同事经常向他讨教销售经验。有一次，杨宇将一份意外保险卖给了一位上班路程只有20分钟的男士，同事们都对此疑惑不已。不仅如此，这位男士的妻子还到保险公司大闹了一场，领导也因此被惊动了。

杨宇见此阵仗并没有一丝畏惧之色，淡定地将这位妻子安抚了一番，然后送出了公司。过了一段时间，这位男士的妻子打电话过来告诉公司，她的丈夫真的出事了，现在需要理赔。

同事们惊讶不已，纷纷以为杨宇有预测未来的特异功能。杨宇却解释道，他是通过大数据的相关关系分析出，这位男士经常在网上购买烟酒，而且汽车维修的次数非常高，所以他断定这位男士很容易发生意外。同事们听完之后，才恍然大悟。

大数据时代下，很多行业都依靠新型的数据分析技术提升自身的价值，保险行业也不例外。大数据主要就是为了解决预测问题，这与保险行业的经营核心有异曲同工之妙。

在销售过程中，保险销售员利用大数据分析法，可以获取客户的家庭结构、生活习惯、购物偏好等多种信息。根据这些信息，保险销售员就能分析出客户的保险需求并加以运用。

二、客户收支情况

客户的收支情况不仅可以清晰地反映出客户的经济状况，还可以反映出客户保障的缺失之处。保险销售员在挖掘客户的需求时，可以在谈话过程中多多了解客户的收支情况，进而找到客户在经济分配上的隐患和风险，然后利用这些信息激发客户的忧患意识，客户的保险需求就会因此凸显出来。

收集客户的收支情况通常是在谈话中完成的，因此保险销售员在询问或者倾听客户收支情况时，一定要认真专注，避免错记、漏记，同时注意语言要委婉易懂，便于客户接受。

了解到相关信息后，最关键的就是如何把客户经济上的风险传达给客户。在这一步上，保险销售员不妨借助标准普尔的家庭资产配置图（如下图所示）。

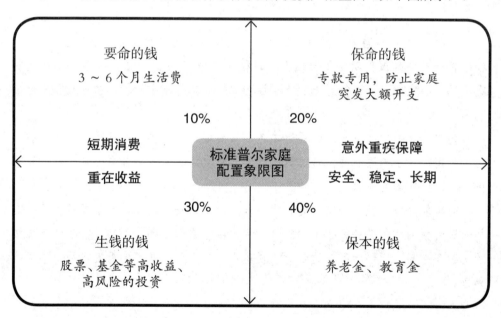

标准普尔既是全球三大评级机构之一，又是世界权威金融分析机构，它设置的家庭资产配置图被全世界公认为最合理的家庭资产配置图。在这张图中，第二部分账户代表的就是保险，标准普尔认为一个家庭20%的资产应当用来购买保险。保险销售员在销售时，可以根据这一观点说服客户。

三、客户保险计划

面对已经购买保险或者有保险计划的客户，很多保险销售员都会选择望而却步。但其实要攻克拥有保险计划的客户并不难，保险销售员只要深入了解客户现有的计划，找出计划中的漏洞，用你的产品去完善客户计划中不足的地方，就能有效地提高签单率。

具体来说，保险销售员首先要了解客户是否已投保，然后仔细询问客户投保的险种、金额、时间等相关信息，从而进一步了解客户对保险的看法。搜集到这些信息后，保险销售员就可以从客户的角度去思考其保险需求，然后推己及人，让客户意识到你的产品的必需性，这样客户就会产生购买的欲望。

四、客户的个性

客户的个性特征很大程度上能反映出客户的经济水平、生活习惯、思维方式等信息，根据这些信息保险销售员就能大致了解客户，从而提高沟通的效果。

客户的个性信息可以从以下角度来搜集：家具摆设、衣着打扮、语言方式、情绪状态等。比如客户在室内放置了运动器械，说明客户热爱运动、注重养生；客户说话语调沉稳有力，说明客户精力旺盛，领导欲和控制欲比较强，有勇气和自信心等；客户交谈时双臂交叉，说明客户缺乏自信，对你有些戒备等。

当保险销售员足够了解客户的时候，他就能准确地找到客户的需求，然后在销售过程中针对这些痛点对症下药，从而极大地提高签单的效率。因此，保险销售员在平时要注意从多个角度搜集客户资料，多多了解自己的客户，或许下一单你就能顺利签单。

◎ 诱导客户自己说出需求

全面了解客户之后，保险销售员要做的就是通过客户的年龄、身份、职业等挖掘出客户隐藏的需求，然后用问题和危机诱导客户自己说出需求。当客户的购买欲望升起之后，保险销售员的签单机会就随之到来了。

客户的需求就像大海中的冰山，能够看到的只是冰山的一角，而客户大部分的需求如同海底的巨大冰山，都被隐藏了起来。保险销售员要想顺利签单，不仅要挖掘出客户隐藏的需求，还要想办法诱导客户自己说出需求。

在销售过程中，保险销售员只要仔细观察，用心聆听客户的倾诉，然后顺着客户生活中的不满，引导客户产生强烈的改变欲望，客户潜藏在"大海"之下的需求就会逐渐浮出水面。

比如保险销售员小柯的一则案例：

小柯："萧先生，好巧啊，在这儿遇到您，您是准备买房子吗？"

客户："对呀，我妻子怀孕了，家里有点挤。等孩子出生了又吵又闹的，我爸妈他们也休息不好。"

小柯："恭喜恭喜。那您现在既要照顾老人，又要养老婆孩子，再加上买房，任务可真繁重啊。"

客户："可不是嘛，不过这也没有办法，本来男人就应该多承担点嘛。"

小柯："看得出来，您的责任心真的挺强的，不过您是否考虑过，万一哪天您发生意外，您家人怎么办呀？"

客户："哦……这个真没想过。"

小柯："您身为家里的顶梁柱，首先就是要好好照顾自己。我现在就有一个办法，只要您愿意每天花费25元，就能轻松解决这个顾虑。"

客户："25元就能解决这个问题，真的吗？那你快仔细给我讲讲。"

……

小柯与客户偶遇后，细心地了解到了客户的需求，然后利用假设问题，引导客户产生担忧，进而让客户发现自身的保险需求，最终成功获得了客户的认可。毫无疑问，小柯的销售策略非常成功。

在与客户交谈时，如果保险销售员想取得同样的效果，首先要将客户进行定位，然后从客户的年龄、身份、职业这三个方面挖掘需求，最后引导客户说出自己的需求。

一、年龄

1. 单身群体

单身群体的年龄一般介于 22 ～ 30 岁，这个群体通常是刚刚毕业、初入社会的年轻人。他们工作不稳定，收入相对较低，因此抵抗风险的能力比较弱。针对这类人群，保险销售员可以推荐一些意外险、健康险等保费较低的保险。

另外，这个年龄段还是购买养老保险的好时机，保险销售员可以从年纪小、保费低等角度诱导客户，让客户意识到自身的保险需求。

2. 新婚家庭

新婚家庭主要针对的是 28 ～ 35 岁的人群，这个年龄段的人大部分是已经组成家庭的新婚夫妇，或者是刚刚晋升为三口之家或者四口之家的人。这些人承受的压力非常大，不但有房贷、车贷压身，还有孩子、老人需要养。因此，保险销售员应当从家庭经济支柱方面入手，让客户意识到自身的重要性，并产生健康险、意外险、寿险等保险险种的需求。

3. 中年群体

中年群体指的是 35 ～ 45 岁的人群。这个年龄段的人主要支出一般为孩子的教育开支，有一定积蓄的人还会选择投资理财，所以这类客户可以从子女的教育和理财保险方面吸引他们。

4. 退休人群

45 ～ 60 岁的人群已经取得了人生最高成就，离退休也越来越近，他们重点关注的问题就是养老。保险销售员可以从老有所养和不拖累子女这两个方面攻破，进而成功销售养老保险。

二、身份

一般来说，每个人都要经历三种身份：子女、父母和同时具备这两种身份的成年人。面对不同的身份，保险销售员可以分别采取以下方法：

一是为人子女。能够独立生活的成年人关注的话题通常都是赡养父母，保险销售员与这些客户接触时，可以把父母的健康作为主要切入口。

二是为人父母。孩子永远是父母最关心的话题，孩子的教育、健康、意外等都是可以谈论的话题，并且这些话题中往往隐藏着客户巨大的需求。

三是两者兼备。既是子女又是父母的人群，肩负着三个家庭的经济。这时他们最容易把自己的健康问题忽略掉，所以保险销售员可以将话题引到他们自身的健康和安全上，提醒对方他们才是保险需求最大的人群。

三、职业

客户的职业能反映出他们的收入状况、社会地位。保险销售员在了解了客户的职业后，可以为客户"量体裁衣"，制订专业的保险计划，让客户自己发现自身的保险需求。

此外，保险销售员还可以分析客户的职业性质。比如针对高危职业人群，可以从事实分析，让客户明白商业保险可以弥补社会保险的不足，激发客户对意外险的需求。

由于客户的需求往往隐藏在日常生活中，所以保险销售员在引导客户时，不要拘泥于眼前，而要具备长远的目光。通常诱导客户时，可以按照以下步骤进行：

第一，现状提问。针对客户所处的现状提问，了解客户目前的心理状态和生活感受。

第二，假设提问。为客户假设未来发生意外的场景，让客户自己思考意外之后的事情，促使客户产生危机感，意识到规避风险的重要性。

第三，制造危机。加重客户心中的危机，让客户明白此时不解决未来的风险，以后必有很大的隐患，所以现在要立刻解决这一问题。

第四，解决方案。当客户已经意识到保险是必需品之后，保险销售员要及时为客户提供最佳解决方案，让客户产生购买的欲望，然后顺利签单。

总之，当你笑脸相迎地拜访客户时，如果客户总是冷冰冰地告诉你没需求，然后把你拒之门外。此时与其可怜巴巴地央求客户再给你一次机会，不如停下来认真思考一下，如何让你的客户变得有需求。

| 第八章 | Chapter 8

技巧运用，提升沟通效率

◎ 重要的日子，为客户准备些小礼品

内容简析

　　在一些重要的日子，为客户准备一些小礼品，会让你们的沟通更为融洽。在不同的场合，不同的礼物会发挥不同的作用，看上去简简单单的礼物，会对后续保险销售工作的开展产生重要影响。

　　为客户送礼品已经成为整个销售行业的惯用手段，这甚至已经不能算入销售技巧的范畴。但是在保险销售过程中，为客户送礼品依然是个技巧，而且更多时候，为客户准备礼品还是一种决定保险销售成败的关键技巧。

　　送礼这件事，时机选择很重要，逢年过节要送礼，走亲访友要送礼，婚丧嫁娶还要送礼，这么多的时机，究竟要怎样去选择呢？总不能每时每刻都送礼吧！

　　当然，保险销售员在推销保险时，没必要每时每刻都送礼，但有些时机一定要把握住。逢年过节为客户送上一些应景的小礼品，客户生日时为客户准备一点小惊喜，拜访客户前为客户带上一份小礼物，都可以增进与客户的情谊。而且借助节日氛围的加持，这些小小的礼品往往能发挥超出其价值几倍的作用。

一般来说，即使客户不同，送礼的时机也是大致相同的。保险销售员可以根据自己的目标客户数量制作一份"送礼日程表"，根据这份日程表来安排自己的送礼计划。

如果目标客户过多，那就选择只在客户生日当天送些小礼物，或者挑出一些重点客户，在节庆日当天为客户送上礼物。

那什么样的客户算是重点客户呢？一是签单可能性较大的客户，二是保单保额大的客户，三是已经签单的老客户。还有一些具体的情况，需要你根据自己的实际情况做出判断。

送礼时机的选择要以客户的重要性为优先级，重点客户要重点照顾，在预算有限的情况下，优先为重点客户准备礼物才是明智的选择。

了解了送礼时机后，保险销售员还需要去用心挑选礼物。不同的客户需要不同的礼物，一套炊具组合送给一位家庭主妇，要远比送给一位单身男士更有价值。因此，在为客户挑选礼物时，一定要搞清楚客户真正需要的是什么。

这就涉及客户信息整理归集的问题了，这是保险销售员的必修课，但很多保险销售员做得并不好。收集客户信息，了解客户的基本情况，这样才能"投其所好"地为客户准备礼物。

如果获知有位客户刚刚生了小孩，优秀的保险销售员的脑海中立刻会出现两种思考，一是这位客户可能需要一份儿童成长险，二是可以为这位客户送上一些优质的儿童日常用品。这两种思考都是必要的，很多时候，第一种思考的实现需要第二种思考来做铺垫。

找时机、定客户、选礼物，这是为客户准备礼品的一套完整流程。由于不同的保险销售员所面对的具体情况会有所不同，不同环节的具体做法也会有不同，这就需要保险销售员在日常工作中多总结、多思考。

最后，还有一个与礼物有关的重要问题，那就是保险销售员仅仅这样费尽心思地为客户准备礼物就够了吗？在一次次送礼物的过程中，客户与保险销售员的情感链接就会紧密吗？从现实案例来看，为客户送礼物这个技巧并不是每次都能拉近客户与保险销售员的情感距离。因为大多数保险销售员在送礼物时省去了一个最为重要的环节，我们可以称之为"寒暄环节"。

当保险销售员把礼物交到客户手中时，"寒暄"是必不可少的。很多保险销售员只顾着说些送礼物的客套话，而忽视了"寒暄"过程是一个重要的推销环节。相比于让客户两手空空听你介绍保险产品，他们更愿意捧着礼物听你说几分钟。

在具体操作中，"寒暄环节"往往很短，客户没时间听你从头到尾介绍产品，这时候，挑选产品的精华部分进行介绍才是明智选择。挑一些解决客户痛点的内容，用两三句话讲清楚，远比从头到尾给客户讲解要高效得多。

此外还要注意，"寒暄"一定要适度，否则很容易产生适得其反的效果，到那时，不仅礼物白送了，你与客户间的距离还更远了。

◎ 夸保险，更要夸客户

内容简析：

学会夸赞的技巧，不仅能让你的产品变得精美，还能赢得客户的欢心。面对不同的客户，及时适时地夸赞他们，大部分客户都能被你的赞美打败。谈话时，一两句赞美的话语往往能收获雪中送炭的效果。

俗语说："王婆卖瓜，自卖自夸。"夸奖自己的产品是每个销售员都要做的事情。不过，要想把产品推销出去，销售员不仅要夸产品，还要夸客户，客户欢心了，才会买产品。保险销售也是如此，不仅要夸自家的产品，还要夸客户。

美国著名心理学家威廉·詹姆士曾经说过："人类本性中最深的企图之一是期望被赞美、钦佩、尊重。"赞美不仅能卸下客户的防范意识，拉近与客户之间的距离，而且能营造良好的氛围，进而创造深入谈话的有利条件。

夸客户是一门艺术，更是一门学问。要想夸得让客户感觉好听、受用，保险销售员就需要不断地练习。如果保险销售员想要快速掌握这门学问，从而达到预想的效果，可以尝试以下几种方法：

一、直接表达

直接表达是夸客户最常见的方式。在交谈过程中，保险销售员可以对客户的着装礼仪、家庭事业、工作能力、待人接物、为人品质、兴趣爱好等各方面进行评价，从而迎合客户的心理，满足客户的虚荣心。

比如"您皮肤保养得真好，看起来就像 20 多岁""这是您女儿吧，和您长得真像，一看就是个聪明伶俐的姑娘""您家里好整洁啊，您夫人肯定特别贤惠"等。

二、间接表达

间接表达就是借用第三人的印象肯定对方，这种方式非常有效，客户也容易欣然接受。保险销售员和客户交谈时，可以把别人赞美的话转达给客户，这样既不会显得尴尬，还显得十分自然，而且还能获得双方的好感。

比如与客户交谈时，对客户说："上次小王拜访您，对您的评价非常高，他觉得您见识广博，谈吐大方，跟之前接触的客户都不一样。"

客户听到后心情就会比较愉快，这时你再顺着这个话题往下聊就会非常顺利了。借助第三人夸赞客户，不经意间就会打破客户沉寂的心，让他对你的话题产生兴趣，并愿意与你继续交谈。

三、侧面表达

有时，保险销售员可以借助其他事物从侧面夸赞客户。比如客户为自己的妻子买了一份保险，可以赞美客户对妻子的挚爱和对婚姻有长远的规划，时刻为妻子着想。或者抓住妻子的表现，夸奖妻子非常贤惠和体贴等。有时候，一些侧面夸奖也能收获绝佳的效果。

赞美是人际关系的润滑剂，它能帮助保险销售员处理好与客户的关系。虽然赞美客户是一件好事，但如果使用不当，很容易会变成一件坏事。因此，赞美客户时，还需要注意以下几点：

第一，赞美要真实可信。赞美并不意味着阿谀奉承、溜须拍马，太过夸张的言辞会显得很虚伪、不真诚，这样不仅会失去客户的信任，还会让客户产生厌恶情绪。要想让你的赞美听上去真实可信，你就要遵循 FFC 法则。

如下图所示，FFC 法则包含 3 个元素：一是感受，二是事实，三是对比。这3 个元素缺一不可。

比如你要赞美客户的家里比较整洁，如果只说一句"您家里好干净啊"，这里只涉及了一个感受，并不能真正地打动客户。

如果你说"您家里好干净啊，不管哪里都一尘不染，整整齐齐的，不像我家每天都乱糟糟的。"这句话里就包含了3个方面的内容，一是感受到了客户家里很干净，二是具体说了所有地方都一尘不染、整整齐齐这个事实，三是用你的家比较乱做了一个比较。这样一来，客户就会感觉你的赞美十分真实具体了。

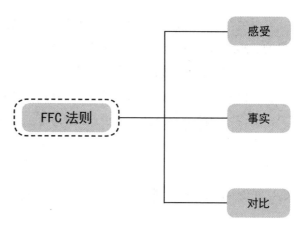

第二，赞美要有针对性。演讲是需要主题的，赞美客户是需要理由的。在赞美客户时，不可能凭空捏造一个点去赞美，而应该抓住客户身上的某一点去赞美。比如客户的兴趣爱好、工作能力等，基于真实的、具体的事物去赞美客户，客户才能感受到你的诚意。

另外，赞美客户时，最好找到客户引以为傲的点，有针对性地赞美，这样往往能收到事半功倍的效果。比如客户的孩子成绩非常优异，就可以针对客户的教育进行赞美。还有一点，赞美时要面带微笑，语音语调自然，不要表现得太过刻意。

第三，赞美要因人而异。保险销售员面对不同的客户时，要有敏锐的观察力，善于在不同人身上发现不同的闪光点。切记不要将一套说辞套用在所有人身上，以免适得其反。保险销售员可以按照年龄、性别、社会地位将客户分类，然后分别赞美。

比如针对公司领导人物，可以赞美其领导有方、年轻有为；针对家庭主妇，可以赞美其贤惠体贴、持家有道；针对老年人，可以赞美其身体硬朗、见多识广等。总之，赞美不同身份、不同年龄的客户时，要突出客户的个性和特点，有针对性的赞美比一般的赞美会更有效果。

第四，赞美要及时适时。及时适时的赞美如同雪中送炭，可以给人鼓励，让人感觉印象深刻。比如当客户发生问题时，保险销售员赞美一句"您做得已经非常好了，要是换作其他人肯定没您想得周全"，客户的焦虑情绪立刻会烟消云散，对你产生良好的印象。

需要注意的是，赞美的话说一两句即可。因为保险销售员的目的是在获得客户的好感之后谈保险，如果你全程都在赞美客户，不仅不能拉近和客户的距离，反而会引起客户的反感，甚至是厌恶。

作为保险销售员，夸保险并非一件难事，但更关键的是学会真诚自然地夸客户，赢得客户的关心，你才有讲产品的机会。

◎ 重视第三人的影响

内容简析

很多保险销售员都有过这种经历：自己说得再多，都不如别人的一句话。由此可见，第三人的影响非常大。在保险销售过程中，巧妙地利用第三人影响，为你的销售打下良好的基础，能快速消除客户的戒备心，赢得客户的青睐。

第三人影响又叫作第三人效应，它是由美国哥伦比亚大学戴维森教授在《传播中第三人效应的作用》中提出的。戴维森教授认为，在一些事件中，"我"和"你"的影响没有"他"的影响大。

简单来说就是，在一些事情上，第三人的影响比较大。比如客户对你的印象一般，但是当你提到客户最好的朋友时，客户就会因为朋友的影响，改变对你的看法。

保险销售员在销售过程中，利用第三人影响，可以快速赢得客户的信任，达到良好的销售效果。保险销售员郑萧就利用第三人影响拿下了一个大单。

郑萧："林先生，您好，我是××保险公司的郑萧。我了解到您有购买保险的想法，所以主动过来找您，希望没有打扰到您。"

客户："你是从哪儿了解到的？"

郑萧："是您的朋友陈先生介绍我过来的。"

客户："哎呀，我想起来了，确实有这么回事，都怪我这阵子比较忙，给忘记了。"

郑萧："没事，可以理解。陈先生跟我说起您的时候，就说了您是个工作狂，让我过段时间再过来，看样子我还是来早了。"

客户："哈哈哈，就知道这家伙不会说我的好话。"

郑萧："其实陈先生和我合作好长时间了，他都在我这儿买了好几份保险了。陈先生把我介绍过来，也是关心您。真羡慕您有这么真心对您好的朋友。这不，为了完成陈先生给我的任务，我已经为您精心准备了几款保险，不如您抽一点时间看看。"

客户："嗯，好的，想不到你准备得还挺充分的。既然是他推荐你来的，肯定错不了，我看看如果产品不错的话，我给家人也买几份。"

……

一开始，郑萧接触客户的时候，客户还十分戒备，并质问郑萧从哪里得到的信息。然而，当郑萧提到客户的好朋友时，客户的戒备心一下就放了下来，谈话的氛围也逐渐变好。接着郑萧借助第三人陈先生的影响力，彻底消除了客户的疑虑，成功将保险产品推销了出去。由此可见，第三人的影响非常大。

很多保险销售员都有过这样的体会，自己说得再多，还不如别人说一句话有用。有时候，与保险销售员相比，客户更愿意相信第三人。因此，想让你的客户产生信任感和安全感，不妨利用第三人来替你说话。

那么，在销售中，到底如何利用第三人呢？

一、利用明星效应

明星是很容易影响到公众的人物，比如明星穿的衣服、背的包包，甚至吃的食物都会受到大众的欢迎。保险也是一样，明星信赖的保险公司，认可的保险产品，同样能够让社会公众信服。

但明星效应也可能有很大的负作用，最大的影响就是明星的形象出现危机后，客户也会随之出现信任危机。因此，使用明星效应时一定要谨慎。

二、利用知名企业

在销售过程中，还可以充分利用公司以往的人际网和客户网络，尤其是一些社会地位和名誉比较高的知名企业。通常这种企业的推荐很容易获得其他客户和企业的认可。

例如下面一则案例：

杜明博："吕先生，您好，我是××保险公司的销售员小杜。"

客户："你好，你们公司我倒是听过，但是我们和贵公司并没有业务上的往来啊。"

杜明博："那您肯定知道××公司吧，它是我们公司的长期合作伙伴。"

客户："这家公司我当然知道，我经常和他们的老板见面。这家公司不仅实力非常雄厚，而且发展还特别稳健。"

杜明博："××公司真的非常不错，并且还十分重视信用。这些年来，我们一直和××公司保持着合作关系，××公司也非常信任我们公司。"

客户："这样说的话，你们公司的业务和服务应该也不错，不然也不能取得××公司的信任。我记得上次我和××公司的老板聊天时，他好像提到了你们公司。他说，你们公司不仅为他省下了一笔钱，还为他们公司的长远发展做了理财投资。要不，你现在说说你的保险方案吧。"

杜明博："好的。"

……

保险销售员初次见客户的时候，利用有影响力的知名企业不仅能提升公司的名誉，还能提升自身的信誉。当客户因为第三方开始信任你和你的公司时，你的销售过程就会顺利很多。

三、利用老客户反馈

除了公司的关系网之外，保险销售员自己也可以组织个人的客户网。利用老客户的反馈，你可以吸引很多的新客户。比如，你可以开一场产品说明会，邀请老客户和新客户一起到场，然后由老客户介绍产品体验。

另外，你可以利用老客户进行转介绍，将客户目标定位为老客户身边的朋友、家人。值得注意的是，虽然新客户通过老客户的介绍，已经对你和公司有了一定的了解，但是你也不要因此掉以轻心，反而更要做好万全的准备。

在拜访这些新客户之前，你一定要大致了解一下即将见面的客户的基本信息，比如年龄、工作、家庭状况、生活水平等，这样你才能更加全面地为客户提供服务。

更关键的一点是，这些新客户本身是知道你的目的的，所以你千万不要一开始就直接销售产品。见到客户时，你要利用好第三人转介绍的优势，借助客户的良好印象，营造一个轻松愉快的氛围，这样有助于让客户放松警惕，提高对你的信任。

重视第三人影响，可以帮助保险销售员赢得客户的良好评价，并为保险销售员的业务开展打下良好的基础。所以千万不要小看第三人，他们的一句话在关键时候没准儿会帮了你的大忙。

◎ 利益至上，说一些客户看得到的实惠

内容简析

　　"人为财死，鸟为食亡"，推销保险产品时，利用数据、卖点、情感、事实说一些客户看得到的实惠，让客户感觉到买这份保险能够赚到，客户才会满心欢喜地接受你的产品。消费者的利益和销售者的利益息息相关，顾全消费者的利益，就是顾全保险销售员自身的利益。

保险行业不同于其他行业，它发展的基础不仅仅在于保险销售者的利益，更在于消费者的利益。对于保险销售员来说，销售过程中最核心的问题是必须站在消费者的角度去思考问题，因为没有消费者的利益，销售人员的利益也就无从谈起。

大部分优秀的保险销售员都明白这一点，所以他们在销售过程中会主动说一些客户看得到的实惠，让客户感受到产品给他们带来的利益。一旦客户被产品中的利益所触动，保险销售员就能轻松完成保单了。

比如下面一则案例：

客户："我想买一份养老保险，但是资金方面可能有些困难。"

小田："我很理解您，养老保险的缴付额度确实有些大。如果您资金有困难的话，我建议您还是先关注一下现在面临的风险。我推荐您购买重疾险，因为人的一辈子总会得些大病小病的，小病还好，过一段时间就好了；大病可就不一样了，不仅会花光家里的积蓄，拖累整个家庭，甚至到最后有的人连生命也挽救不回来，这种事情真的很可怕。"

客户："我明白你说的，不过我还是比较想购买养老保险。"

小田："看得出来，您的危机意识很强。不过您可以想一下，养老保险一般是 60 岁才开始领取的，您现在还比较年轻，距离领取养老金还有很长一段时间。在这段时间里，难道您就不需要保障了吗？"

客户："这倒也是。"

小田："您肯定也看到过不少年轻人猝死的新闻，在这个时代重疾真的太可怕了。虽然现在的医疗条件十分先进，但是很多人都拿不出基本的治疗费用。大部分重疾患者都是依靠卖车卖房硬凑出治疗费用，甚至很多人为此背负上巨额债务，因此重疾保险是人生中必买的保险之一。况且，重疾险并不是谁想买就能买的，只有身体健康的人才能购买。您现在年轻健康，很容易通过保险的审核，所以早买早有保障啊。"

客户："嗯，确实是，那你帮我算一下保险费大概是多少？"

小田："好的。"

当小田了解到客户的经济状况后，并没有放弃他的销售计划，而是根据客户自身的保险需求，极力向客户推荐重疾险。小田从重疾险的重要性和必要性入手，切实从客户的自身利益出发，最终成功勾起了客户的购买欲望，顺利完成了保险签单。

由此可以看出，在产品推介的过程中，保险销售员针对客户的利益，说一些客户能够感受到的实惠，更容易俘获客户的"芳心"。

那么，保险销售员要以何种方式突出产品，才能让客户看到产品利益并为之心动呢？接下来，我们就一起来学习一下具体的技巧。

一、精打细算，用数据说话

保险最大的特性就是花少部分的钱，抵御大部分的风险。其中，直接和客户利益挂钩的就是金钱。要想最大地体现产品的优势，最好的办法就是把保费细分到每月甚至每天，让客户觉得这笔金钱花得物超所值。

当客户担心保费太贵的时候，保险销售员可以细化地将保费展示出来，比如每个月只需要几百块钱或者一天只需要几十块钱，这样客户就会很容易接受。用数据来说话，可以让客户一目了然地看到自己的利益。

二、生动形象，用情感说话

保险销售员介绍产品的目的是让客户理解产品，并让他们产生保险需求。但如果保险销售员全程一味地堆砌专业术语，客户不仅不能理解产品的功能和特性，还会对其产生反感。因此，保险销售员在介绍产品时要学会利用情感，将产品拟人化，让自己的介绍更加贴近生活。

比如很多客户认为自己还很年轻，不会得什么重病，所以不需要重疾险。这时，保险销售员就可以根据如今的社会现状，帮助客户分析一下重疾隐患。然后，再设想一下未来没有钱之后，整个家庭的生活状况。这样一来，客户就会明白保险与自己的利益息息相关，以及保险在人生中的必要性了。

三、捕捉需求，用卖点说话

客户关心的无非是"我能有什么保障""保障期限是多久""我得交多少钱""我能得到多少钱"等和自身利益相关的东西。保险销售员只有善于抓住客户的心理，推销产品时从客户的利益出发，迎合客户的需求，才能解决客户的顾虑。

具体执行时，保险销售员首先要清楚地了解客户的真正需求，其次要根据客户的需求提炼出客户想要的产品卖点，最后要向客户展示产品的卖点，用最能打动客户的卖点替你说话，赢得客户的认可。

四、权衡利弊，用事实说话

扬长避短，夸赞产品是很正确的销售方法，不过如果保险销售员一直向客户介绍保险的好处，难免会引起客户的疑心。为了打消客户的顾虑，保险销售员大可在讲解时，站在对方的角度，权衡产品的利弊，用事实说话，从而取得客户的信任。

使用这一技巧时，保险销售员应该从客户的角度出发，切实地为客户分析保险产品的优点和缺点，进而引导客户明白产品的优点远远大于其缺点。另外，在销售过程中，保险销售员要充分尊重客户的决定，不要对客户有所隐瞒，这样客户才能足够信任你。

"人为财死，鸟为食亡"，保险销售员要想顺利拿下保险订单，就要学会迎合客户的求利心理。通过介绍保险产品的利益吸引客户的兴趣，客户才会为你的产品而动心。但是保险销售员在介绍产品时，还需要注意以下几点：

第一，产品的收益要切合实际，不能夸大其词。如果收益过分夸张，很容易失去客户的信任。

第二，产品的收益要有理有据，不可胡编乱造。通过看得见的数据将客户的利益表示出来，会增加客户的信服感。

第三，产品介绍要有针对性。不同的客户看重的利益点不同，保险销售员要根据不同客户的需求，找准客户的关注点，有针对性地"下手"。

| 第九章 | Chapter 9

异议处理，消除客户所有顾虑

◎ 客户已经购买了保险怎么办

内容简析

　　已经购买了保险不代表不需要保险，面对客户"我已经购买了保险"的拒绝，保险销售员应该理性地分析客户的保险状况，站在客户的角度查漏补缺，让客户认识到保障的缺口。正所谓"办法总比困难多"，只要你想得到，就一定能做得到。

　　大部分客户认为，保险只要买过了就无须再买，所以保险销售员面对"我已经购买了保险"的拒绝，往往无计可施，不知道如何下手。

　　其实保险就是一把无形的伞，可以在意外来临时帮助人们遮风挡雨，但一把伞的遮挡范围是有限的，一份保险是无法给予客户万全的保障的。

　　因此，当客户以购买了保险为由拒绝投保时，保险销售员要做的是站在客户的角度上，为他们查漏补缺，并深层次地挖掘客户内心的需求，积极主动地帮助客户填补保障缺口。

　　郑东晓："蒋先生，您说您已经买过保险了，那您方便透露一下您的投保费用吗？"

客户："我不太了解，反正我已经买过了，所以现在不需要了。"

郑东晓："不清楚也没关系，那一年大概缴多少保费您肯定知道吧。"

客户："大概5万块钱。"

郑东晓："5万……通常保险费和保额的比例是1：10，这样计算的话您的保额大概是50万元。您觉得您现在的身份、地位和收入，50万元的保额够吗？"

客户："反正有就可以了，管他保额多少呢。"

郑东晓："有就可以了？蒋先生，您这种想法恐怕有点危险啊。其实保险不是一成不变的，随着环境的变化和地位的改变，保险也会随之改变。您现在觉得50万元的保险够了，其实就相当于开了一辆普通车，而放弃了豪华汽车啊。"

客户认真思考，沉默不语。于是郑东晓继续说道："其实我现在并不是要您放弃这张保单，而是建议您根据您的身份地位好好筹划您的保额，适当地加保。现在这个时代，如果没有恰如其分的保险，我们出门、旅游怎么安心啊。"

客户："照你这么说，我这一辈子都要一直买保险了？"

郑东晓："蒋先生，您仔细考虑一下，现在我们多缴些保费，等到退休后每隔几年就能回收一大笔保额，所以多买一份保险是为了未来有更好的保障啊。"

客户："你说得也对，那我先看看你们的保险计划吧。"

……

案例中的保险销售员郑东晓面对客户的拒绝，没有选择放弃，而是用打比方的方式生动形象地说服客户继续加保，最终赢得了客户的认可。

保险销售员处理客户的拒绝时，不仅需要过硬的专业储备，还要懂得审时度势，查漏补缺，学会分析客户的投保现状，进而刺激客户的其他保险需求。

一般来说，客户购买过保险有两种情况：一种是购买过社会保险，觉得不需要了；另一种是购买过商业保险，觉得保险已经买够了。

面对第一种情况，保险销售员可以适时地向客户介绍商业保险相对于社会保险的优点，从而让客户认识到商业保险的必要性。

具体可以从以下方面阐述：

一是社会保险的缺陷。社会保险的医疗保险是报销制的，生病住院后都要自己先掏钱，然后再报销，并且有很多医疗药品社会保险都不能报销；社会保险的意外保障仅限于工作单位内，也就是说，投保人只有在工作时间和工作岗位上发生意外，并在48小时内死亡的，才会给予赔付；社会保险的养老保险交的多，领的少，并且以后还不一定能够领到。

二是商业保险的好处。商业保险可以报销社保报销后剩下的部分，如果投保人被诊断为重疾，保险公司还会提前给付保险金；商业保险的意外险不限制地点，不管在哪儿发生意外都可以获得赔付；商业养老保险的缴费方式比较灵活，还可以提前领取养老金。

面对第二种情况，保险销售员可以针对客户的经济、收入状况以及保险状况进行分析，找出客户保险的漏洞。

首先，保险销售员需要分析客户的经济状况。通过询问客户的职业、收入，了解客户的资金状况，进而分析客户的资金配置，计算出应当纳入保险计划的份额。

其次，讲解保险的作用。很多客户不是没钱买保险，而是不愿意将过多的钱放在保险上面。这时，保险销售员就要动之以情，晓之以理，让客户认识到保险的重要性和互补性。

最后，洞悉保障缺口。任何一份保险都不能护客户万全，无论是意外险、寿险，还是养老保险、理财保险，都有其保障不到的地方。保险销售员要做的就是找到客户的保障缺口，站在客户的角度上，刺激客户投保的需求。

在交谈过程中，保险销售员可以按照以下步骤进行。

第一，主动询问。询问客户购买了哪些险种、保额都是多少、保险期限是多久等问题，巧妙地获取客户的投保信息。

第二，寻找漏洞。了解完客户的投保情况后，保险销售员要快速找到客户的保险漏洞，进而引导客户发现潜在的保险需求。

第三，制订方案。站在客户的角度，从客户自身的利益出发，为他们量身打造合适的保险计划，满足客户的需求。

日常生活中，没有哪个客户会二话不说立刻决定购买保险。可以说，客户的拒绝是习惯性的反射动作。面对客户无处不在的拒绝，保险销售员要做的就是调整好自己的心态，不卑不亢，坦然面对。只要肯努力，就没有搞不定的客户，只要肯用心，就没有拿不下的订单。

◎ 耐心应对客户的"没需求"

内容简析

　　晴天没人需要雨伞，没有风险也不会有人需要保险。面对客户的"没需求"，保险销售员如果先乱了阵脚，急不可耐，那么客户是不会购买你的产品的。这时，不妨静下心来，调整自己的心态，耐心引导客户，将客户的潜在需求挖掘出来，让客户变得"有需求"。

　　"没需求"是很多客户惯用的拒绝词，几乎每个销售环节都会遇到客户的这种拒绝。面对客户的"没需求"，保险销售员首先要做的是调整好自己的心态。一个成熟的保险销售员需要具备足够的耐心，正确应对客户的拒绝。

　　一天，保险销售员张鹏去一个公司推销保险产品。其中有位客户是个年轻的小伙子，张鹏见到他时刚要开口，小伙子却先开口了。

　　客户："我不需要保险，到时候我死了还要把钱给别人，我什么好处都没有。"

　　张鹏："孟先生，您怎么可以这样说呢？您有没有替您的父母想过，如果他们听到这些话，心里会怎么想？"

　　客户听完张鹏的话瞬间消了气，在一旁不吭声了。

　　张鹏："天下的父母都一样，辛辛苦苦养育孩子，都是为了孩子能有一番作为。我相信孟先生您也希望自己能有一番事业，将来能给自己的父母养老送终。"

　　客户："这是当然的。"

　　张鹏："但现在的社会中，风险无处不在。假如一个单身青年不小心发生意外，如果马上走了，没有拖累家人这算好的；如果常年卧病在床，需要父母贴身照料的话，受罪的还不是父母吗？那时巨额的医疗费用又该如何筹措呢？"

客户："我现在还年轻，没想那么远。"

张鹏："平平安安时没有人会想到保险，但遇到危机时想到保险也没有用了。现在的保险计划是为未来的危急做准备，为了在风险发生时父母可以有所依靠。父母已经护了我们半世周全，我们就不能给父母一个安乐晚年吗？"

客户："嗯，确实是，之前我考虑得太片面了。那你看，现在我这个经济状况适合买什么保险呢？"

……

面对客户的"不需要""用不着"等一系列拒绝，如何继续销售呢？首先保险销售员的心态要建立在与客户平等的基础之上，因为客户购买保险后会获得一份同等价值的保障，所以保险销售员和客户之间是等价交换，保险销售员不用觉得比客户低人一等。

用平等心去对待客户，用耐心去应对客户的拒绝，不卑不亢地销售产品，这样才能赢得客户的尊重和信赖。

案例中的张鹏在这一点上就做得很好。面对客户冷漠的拒绝，张鹏没有放弃，而是先以训诫的口气"教训"了客户。然后耐心地从孝顺父母这一点上劝诫客户，让客户明白保险的重要性。最后，客户在张鹏的引导下，接受了保险。

在听到客户说出一大堆没需求的拒绝理由后，成熟的保险销售员会努力平复自己的沮丧和失落，把所有的负面情绪隐藏起来，耐心去应对客户的拒绝。在他们眼中，客户的拒绝不是过不去的坎，而是完善自己的一次机遇。

面对这来之不易的机遇，优秀的保险销售员会调整自己的心态，理性看待客户的"没需求"。

第一，大部分客户的"没需求"都是假的。对陌生的事物产生抗拒，这是每个人都会有的本能反应。很多客户说出口的"没需求"其实并不是真的拒绝，而是一个伪装的抵抗。因此，保险销售员不要太过相信客户的托词，只要耐心和客户沟通，肯定能打开客户的心扉。

第二，客户现在没需求，并不代表永远没需求。保险销售是一场持久战，谁有耐心坚持到最后谁就是胜利者。客户现在没需求是因为他们还没有认识到风险无处不在，保险是抵御风险的重要工具。从拜访、开场、产品介绍、签单一直到成交，保险销售员只要耐心去挖掘，总有一天客户会看到那些潜在的保险需求。

第三，体会客户没需求背后的原因。保险销售员尚且会为收入、家庭等事情烦恼，会因为某些事情心情不好。客户也是如此，他们也会受到其他事情的影响。比如客户刚刚辞职，他怎么会有心情谈保险；比如客户的家人生病，他又哪里顾得上买保险。

所以保险销售员在推销时，要注意分析客户拒绝背后的原因，学会站在客户的角度上思考问题。当客户因为烦心事忧心忡忡时，不妨暂时做客户的知心人，帮助客户解决眼下的问题。等到客户心情变好时，自然会想起你，进而产生保险需求。

第四，客户的拒绝是完善自我的契机。"没需求"只是客户千万种拒绝方式中的一种，如果保险销售员因为客户的"没需求"而退缩，只能说明其心理素质还不够强大，精神意志还不够坚毅，还需要继续完善自我。当保险销售员能够从容地面对客户的拒绝，并快速地挖掘客户的需求时，其销售技能也会大大地提升。

保险就像雨伞，只有下雨时才会有人想到买。在艳阳高照的晴天里，要想让客户觉得买保险这把雨伞很有必要，就要有足够的耐心去引导客户，让客户认识到雨天总会到来，这把雨伞是必备工具。

◎ 不拒绝也不接受，客户拖延怎么办

内容简析

　　既不拒绝也不接受，客户的"拖延症"很多时候会破坏签单的机会。面对这种尴尬，保险销售员要学会主动出击。只有探知客户拖延的真实原因，保险销售员才能知道回应客户的对策。而对于那些没有价值的客户，一直拖延时间还不如速战速决。

客户在决定购买产品前，还会有一段犹豫期。很多客户在这一时期会故意拖延购买时间，既不拒绝也不接受签单，经常使用一些借口来敷衍保险销售员。比

如"我再考虑考虑，过几天答复你""我和家人研究一下，有消息再通知你""你先把材料放下，让我再想想"等。

遇到这种客户，保险销售员如果顺应客户的想法，放任客户自己想几天，无异于放虎归山，客户大多会放弃购买，或者转而购买其他公司的产品。所以这种情况下，保险销售员应当认真分析客户拖延的原因，并趁热打铁解决客户的顾虑。

一般而言，客户拖延的原因包括以下几种：

一、资金有限

客户的钱都是辛辛苦苦挣来的，所以没有几个客户会痛痛快快一次性付几十年的保险费用。再加上客户还要支付孩子的教育费、家里的生活费、娱乐爱好费用等，资金一时周转不开是常有的事情。

保险销售员这时千万不要太过强硬地要求客户购买，正确的做法是缓缓图之，告诉客户越早购买好处越多，以此来促使客户运用分期缴费的方式尽早购买产品。

比如以下案例：

林枫："陆先生，您对上次的保险计划书还有什么意见吗？"

客户："小林啊，你的保险计划书设计得十分合理、明确，但是我现在资金有点困难，所以我想再考虑几天。"

林枫："我能理解您的想法，买保险确实要慎重一些。不过，保险也不是您什么时候想买就能买的，它也得挑合适的时间。"

客户："难不成买保险还要挑个黄道吉日，那你倒是说说哪天买最合适啊？"

林枫："首先1月和2月不行，因为过年要购置年货；3月和9月是开学季，孩子的教育费也不能省；5月、10月小长假都需要旅旅游放松一下，所以资金也不方便；7月、8月要给孩子报各种补习班，资金也腾不出来；12月是您的生日，购买保险也不划算。"

客户："照你这样说，什么时间都不适合买保险啊。"

林枫："不是的，现在是6月，既不会影响您的家庭生活，又在您生日之前，可以省很大一笔保费。"

客户："嗯，你这样一说，的确有道理，那我们现在就签单吧！"

保险销售员林枫在了解到客户因为资金问题，不想立即签保单的心态后，立刻提醒客户现在才是购买保险的最佳时间，如果错过这个时期，不仅会影响到客户家庭的正常生活，而且还会多交一些保费。客户听完林枫的分析后，逐渐意识到投保的紧迫性，进而改变了推迟签单的想法，最后成功签单。

二、不信任产品

"货比三家"是客户购买产品时的常见行为。现实社会中，客户能接触到的保险公司非常多，这就意味着客户可选择的余地也非常多。为此，保险销售员平时要多了解一些其他公司的产品，这样才能在交流中为客户比较同类产品的优劣，进而引导客户做出最符合利益的选择。

客户："小刘，你给我的保险计划书我已经仔细看过了，但是我还是觉得保险是关乎我人生的重要决策，一定要慎重些。所以我决定看看其他保险公司有没有优惠活动，这样的话我还可以节省一笔钱。"

刘娜："冯先生，在您对比之前，我想问问您，您对我们这款产品的保障范围、保障额度和保费还有什么不满意的地方吗？"

客户："我对这款产品很满意，就是觉得如果有优惠会更好。"

刘娜："我明白您的意思了，您货比三家的想法并没有问题。其实我们这款产品与其他保险公司相比，还有一大优点，就是我们会在客户70岁的时候，给客户准备一份大礼，以此来回馈客户。而且，买保险更重要的是保额，而不在于保险公司，您说是不是啊？"

客户："这倒也是，要不你再讲讲具体的保障额度吧。"

刘娜："好的。"

......

当客户提出要再比较一下时，保险销售员要准确把握客户的比较心理。第一，要先肯定客户的选择；第二，要逐渐探知客户产生比较想法的原因；第三，在得知客户犹豫的真实原因后，要使用适当的对策诱导客户，让客户主动做出选择。

三、委婉拒绝

客户拖延签单，还有一种心理就是决定不购买，但是为了不给社交造成压力，所以使用拖延战术来委婉拒绝你。目的是让你慢慢意识到问题，并且主动放弃。

多数保险销售员面对这种情况，都不敢直接询问客户的真实意思，害怕与客户的关系会疏远，或者破坏签单的机会。在这里，很多保险销售员都忽略了一个重要的事实，那就是你无法失去任何你没有得到的东西。

销售本来就有很大的失败概率，如果抱着每单都要成功的信念去做，不仅会让你产生很大的压力，而且还会打击你的信心。所以有时候不妨换一个角度，每一单都抱着被拒绝的信念去做，帮助客户拒绝你，快速淘汰没有价值的客户，这样一来，你就会摆脱客户那些模糊不清的拖延战术了。

客户使用拖延战术时，保险销售员最忌讳的就是和客户一样拖延下去，一直等待的结果无非是遥遥无期，甚至是杳无音信。所以面对客户的拖延，保险销售员要学会主动出击，探求客户拖延的真相。

如果客户因为产品问题或者资金问题而犹豫，保险销售员可以针对不同情况采取相应的对策。如果客户就是不想买，只是为了面子在委婉拒绝你，你也不妨打开窗户说亮话，快速筛选没有价值的客户，进而为下一场战役做好准备。

◎ 客户对保险产品有异议怎么办

内容简析

"嫌货的客户才是真正的客户"，当客户不断地对你的产品挑三拣四时，不妨站在客户的角度想一想。当你真心地去理解客户的感受，并设身处地地为客户寻找解决方法时，相信任何客户都不会拒绝如此贴心的保险销售员。

日常生活中，保险销售员经常会有这样的抱怨："我的客户真的太难缠了，总是对产品或者服务指指点点，鸡蛋里挑骨头，故意捣乱。"客户对产品有异议是许多保险销售员最头疼的问题。

世界超级推销大师奥马尔曾经说过："98%的异议不是真正的异议，大部分的异议都是成交的机会。"如果客户对产品没有异议，那说明他对你的产品和服务没有兴趣，而且他根本没有购买的诚意。

如果客户没有心思购买，他肯定不会浪费时间和你讨论你的产品。所以当客户对产品存在异议时，保险销售员要做的就是消除客户对产品的疑虑和担忧，进而促成交易的成功。

通常来说，客户在产品方面的异议有以下几种：保险不如储蓄牢靠，有利息可吃；保险没有股票收益高；我只想要便宜的保险；理赔程序太烦琐了；万一我的资金出现问题，没有办法支付保单怎么办。

上述种种异议其实并不一定是客户的真实意图，很多异议里面都潜藏着言外之意，即客户异议的背后还有一些深层次的原因。

比如客户觉得保费太高，想要便宜的保险，他的真实意图可能是觉得你的保险产品值不了那么多钱，除非你能证明你的产品物有所值，他才会选择购买。

再如客户觉得理赔流程太过烦琐，可能是因为他之前有过不愉快的理赔经历，所以不相信保险公司。如果你没有足够的理由证明你的公司诚实可靠，客户是不会信任你的产品和公司的。

对于客户这些在产品方面的异议，保险销售员必须认真对待和处理。在交谈过程中，保险销售员要学会站在客户的角度上，设身处地去理解和感受他们的异议，然后用同情同理之心化解客户的疑虑，并采用相应的对策帮助客户解决问题。当保险销售员消除客户的顾虑，获得客户的认同后，交易自然而然就会达成。

赵文："白小姐，您对这份保险计划还有什么不明白或者不满意的地方吗？"

客户："保险计划倒是没有什么问题了，不过我还是觉得投保容易，但理赔太难了。很多保险公司在介绍保险产品的时候都特别热情，连哄带骗地让客户买保险，但是到了理赔的时候，就开始拿琐碎的条款说事，总之就是这个不能赔，那个也不能赔。"

赵文："您是有过这样的经历吗？"

客户："没有，我没有买过保险，所以才不会遇到这样倒霉的事儿，我这是听周围的朋友说的。"

赵文："您说的其实很有道理，现实生活中很多人都认为投保容易理赔难。

其实这大多数都是投保时，保险销售员没有把条款阐述清楚，再加上有些客户本身对保险条款缺乏认识造成的。所以我们投保时，一定要对产品有一个详尽的认识。"

客户："这个是必需的，但是那些保险条款那么长，我都看不懂啊。"

赵文："这个很简单。其实保险条款说明的也就几个非常常见的问题。比如投保的条件、保障的范围、领取时间、保险有效期等。通常客户在看这些内容的时候，我会建议客户把弄不明白的地方都列出来，然后我逐一进行解释，并且客户有什么不明白的可以随时问我。"

客户："你这么一说，我倒感觉靠谱不少，不如这样吧，我们再一起研究一下这份保险计划吧。"

赵文："好的。"

上述销售案例中，保险销售员通过讲解让客户明白了：只要认真阅读保险条款并认真履行，自己的利益就不会遭受损失。这样一来，客户就能做到明明白白消费，自然就不会再对产品存在异议了。

处理顾客异议时，保险销售员可以从以下几个方面入手：

一、安抚客户

客户针对产品提出异议后，保险销售员不仅要压制自己的负面情绪，还要安抚客户的负面情绪。如果客户对保险销售员个人的说话语气、待人态度和礼仪方面产生异议，保险销售员更要真诚地向客户道歉，给客户留下一个良好的印象。

二、认同客户

当客户对某些方面不满意时，保险销售员要对客户提出的观点表示认同，让客户感觉到你能理解他。不过认同并不代表赞同，认同只是承认客户的意见合情合理，可以淡化双方之间的矛盾，把客户的问题变成双方的问题，这样更利于保险销售员解决问题。

三、询问客户

当客户发表不同意见时，保险销售员要认真倾听客户的倾诉，不要打断客户。在这个过程中，保险销售员可以多问些"为什么"，这样客户就会说出他的担心和顾虑，保险销售员就能及时找到应对之策。

四、转述异议

客户倾诉完后，保险销售员可以用提问的方式将客户的异议转述一遍，从而检验客户异议的重要性和准确性，然后找到客户最担心的点。再者，通过你的转述，客户也会感受到你在真的关心他的问题，这样客户就会更加信任你。

五、表达诚意

了解客户的异议与不满后，保险销售员要拿出足够的诚意向客户致以歉意，并告知客户，你会立即处理这些异议，保证消除客户的后顾之忧。

六、回答异议

客户提出异议后，通常都需要保险销售员立刻给出满意答复。所以保险销售员找到客户最担心的点之后，一定要与客户一起寻求解决的办法。大多数情况下，提出异议的客户心中已经有了答案，保险销售员可以对客户的答案加以改良，提出双方都能接受的处理方法。

"嫌货的客户才是真正的客户"，作为保险销售员，只要能正确处理客户的异议，消除客户对产品的嫌弃，客户肯定会满意你的产品和服务，最终顺利达成交易。

◎ 客户拒绝续保，该如何应对

内容简析

如何让客户对你的产品始终如一，不离不弃？投保之后，要想让客户每个月按期续保，保险销售员就要定期与客户联系和交流，及时了解他们的动态，为他们扫清续保障碍。必要时，还要利用爱与责任激发客户的需求，给予客户更加贴心的服务，这是挽留客户的好办法。

保险是一种长期的储蓄产品，客户在购买后的数十年内必须坚持续保，才能维持保险的效力。但在实际生活中，保险销售员经常遇到客户以各种理由拒绝续保，这不仅会让保险销售员压力倍增，还会损害到客户的权益。所以，如何应对客户续保是销售中非常重要的问题。

客户选择投保说明他已经认可保险，如果在缴费过程中出现拒绝续保的情况，表明客户肯定出现了一些状况或者有难言之隐。这时保险销售员就需要了解客户遇到了什么"麻烦"，帮助客户扫清缴费障碍，这样客户才会继续续保。

通常客户拒绝续保时，无非是资金有问题或者太忙没时间，又或者是有些难言之隐。针对这些状况，保险销售员可以从爱与责任的角度激发客户的需求，给予客户更加贴心的服务，从而达到续保的目的。

接下来我们就一起分析一些案例，具体看看应对客户拒绝续保的技巧和策略。

案例1：

骆静宇："牛女士，我是您的保险代理人小骆，您之前购买的儿童保险还有6天就过了宽限期了，您一直非常守信用，这次是不是有什么难言之隐没有顾上缴纳啊？如果您有什么困难可以说出来，我们一起想想办法。"

客户："小骆，是这样的，我刚和丈夫离了婚，孩子现在由他抚养，孩子保险的事情我也管不着了。再者，离婚后我自己的生活压力也很大，所以我就算想管也管不了了。"

骆静宇："牛女士，您刚刚离完婚生活上有压力，我们很理解。不过，这不应该成为您拒绝给孩子关爱的理由啊。不管怎么说，孩子到底是您的亲人，无论上一代怎么样都不应该牵扯到孩子。对于一个孩子来说，他不仅需要父母的关心和爱护，还需要有一个健全的心态。任何一个孩子都不希望自己变成没人要没人管的孩子。"

客户："你说的我何尝不明白，我的孩子我当然也不想让他受到伤害。"

骆静宇："正是因为这样，您才需要多陪陪孩子。即使您现在拿不出更多的物质支持，也应该把这份保险保障延续下去。这样等到孩子长大了，他也会理解您的。"

客户："你说的对，再苦也不能苦孩子，不管怎样我都希望孩子能够幸福长大，所以这份保险我一定要继续缴付，至少这样孩子能明白我是爱他的。"

在上述案例中，客户拒绝续保和她失败的婚姻有很大的关系。一个婚姻失败的女人面对骤增的生活压力，很多事情都会无能为力。保险销售员骆静宇意识到了客户的为难之处，于是从孩子就是她的希望，她是爱孩子的这一点出发，鼓励客户提起信心，最终成功让客户延续了这份爱的保障。

保险销售员在劝服这种单亲家庭续保时，一定要让他们意识到家庭虽然破裂，但爱与责任不可中断，保险对于单亲家庭来说更加重要。通常婚姻失败的客户会更看重爱与责任，所以从这个角度激发他们成效可能会更高。

案例2：

客户："小冯啊，你不要催了，我这段时间真的很忙，过段时间我肯定把保费交上的。"

冯丽："袁先生，对您产生打扰我表示十分抱歉，但确保客户的利益不受损害是我们的职责，所以真的希望您能认真对待续保这件事。"

客户："这个我能理解，你们费心了。"

冯丽："我相信您当初投保时，也是因为您十分关心孩子的教育，不想让孩子输在起跑线上。正是因为如此，您才需要谨慎对待保险，保险虽然短期不能让您看到利益，但是它代表着孩子的未来教育和未来格局啊。"

客户："你说的对，我的确是忽略了这件事，还总是让你帮我记着，我这就去转账，等好了告诉你。"

冯丽："好的袁先生，您今后有什么疑问可以随时联系我。"

生活中很多客户都和袁先生一样对保险不上心，所以很容易忽视续保问题。针对这种情况，保险销售员应当与客户建立长期的联系和交流，及时了解他们的动态。同时在与客户交谈时，一定要发掘客户在意的东西，比如孩子的教育、爱人的幸福等。只有将客户的保险需求重新挖掘出来，重新树立客户规避风险的意识，客户才能做到自主续保。

案例3：

客户："小杨啊，之前你们公司不是承诺了每月按时上门收费吗，现在怎么又变成银行转账了呀？"

　　杨华："王女士，如果这种改变给您带来了不便，那我先跟您说一声抱歉。现在电子业务是时代的趋势，为此我们公司也在努力探索更加高效快捷的办公方式，这也是为了能给客户带来更多的便利。我们采用的银行转账方式不仅非常方便，而且安全系数也很高，所以您尽管放心续保，您的资金不会出现问题的。"

　　客户："你这样一说，我就放心了。我现在银行卡里还有一笔保费的钱，到时候你告诉我一声，然后直接从卡里面扣就可以了。"

　　杨华："好的，非常感谢您的理解和配合。"

　　保险销售员一定要认真对待客户的质疑，并理解客户质疑背后的想法。客户是认为保险公司花样太多不可靠，还是害怕保险公司遇到风险，这些保险销售员都要认真考虑和解决。

　　当客户对某些方面存疑时，最好的解决办法就是让客户明白，保险公司所做的改变都是为了提升公司的业务水平和更好地服务客户。这样的解释往往会消除客户的顾虑，让客户安心。

　　"万变不离其宗"，客户无论是拒绝投保还是拒绝续保，都有因为有一定的顾虑和困难。而保险销售员的职责就是为客户解决困难，只要帮助客户解开那些忧心事，客户自然而然会继续选择你的产品和服务。

第三部分
保险销售能力跃迁篇

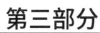

10

踢好临门一脚，高效促成签单

◎ 集中精力，及时捕获购买信号

内容简析

　　保险销售是一场持久战，这场战争的关键就是客户不经意透露出来的购买信号。在销售过程中，保险销售员只要能够集中精力，及时捕捉客户行为、语言和表情上反映出来的购买信号，就能像优秀销售员那样频频快速签单。

　　面对同样的客户，优秀的保险销售员往往能快速地跟客户成交，但普通的保险销售员却总是说破天也成交不了，为什么会出现这种情况呢？很重要的一个原因就是很多保险销售员没有及时捕获客户的购买信号。

　　大多数情况下，客户在产生购买欲望后不会直接告诉保险销售员。有时候，也许客户已经做出了购买决定，只需要推波助澜一下就可以签单，这时如果保险销售员还跟客户聊个没完，可能就会错过签约的黄金时机。

　　王宇："李先生，这份保险计划您还有什么不明白的地方吗？"
　　客户："我大概了解了一下，没什么问题，就是你们的理赔流程如何我还不太明白。"

王宇："是这样的，如果您缴费期间出现什么状况，您只需要……"（详细说明理赔情况）

客户："哦，那我怎么缴费呢？"

王宇："我们支持多种缴费方式，直接付现金或者出示银行卡号划账都可以。"

客户："还挺方便的。"

王宇："对呀，现在信息技术这么发达，可以帮助您节省很多时间呢。"

客户："好的，那我再考虑一下吧。"（客户突然放开抱在胸前的双臂）

王宇："嗯……这样也行，那您想好了再联系我。"

客户："好，再见！"

在这个案例中，客户李先生询问理赔流程和缴纳方式、认真思考、突然放开抱在胸前的双臂等一系列语言和动作，都是客户的购买信号。但保险销售员王宇却没有抓住成交的时机，一直忙着应对客户的问题，白白错失了良机。

其实客户在购买的过程中，心理大致会经历四个阶段：了解阶段、犹豫阶段、稳定阶段、退化阶段。在整个阶段中，客户的购买欲望也会随之发生变化。如下图所示，客户的购买欲望起初会慢慢上升，到达稳定阶段后，如果销售员没有把握住时机，客户的购买欲望就会慢慢减退，销售员的销售机会也会随之溜走。

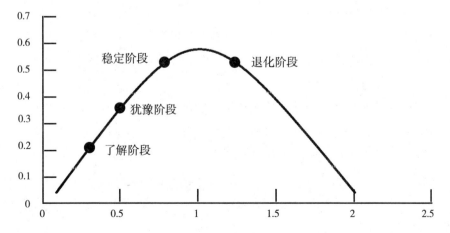

客户购买心理曲线图

由此可见，销售的关键就是集中精力，及时捕获购买信号，加把劲踢好临门一脚。要想达到这种效果，首先就要识别客户的购买信号。

一、语言信号

语言信号就是客户在交谈中，某些语言所流露出来的成交信号，这种信号往往隐藏在客户的询问中。具体来说，客户的语言成交信号有以下几种：

对你表露出亲和友善的态度，不停地附和你的观点；观看保险计划书，反复询问产品带给他的利益；仔细询问产品某一方面的问题，比如理赔流程、缴费方式等；主动打听优惠活动、售后服务等问题；询问陪同者的意见，和身边的人一起讨论产品；使用假定语气询问购买后果，例如购买后没钱续保怎么办等。

语言信号是客户最直接、最明显的购买信号，这种信号通常比较容易察觉。保险销售员在销售中应当学会捕捉客户这些语言信号，并积极有效地促成交易。

二、行为信号

行为信号是客户通过具体的动作表现出来的购买信号，主要通过一些身体语言表现出来。

比如客户不断点头；突然放开交叉抱在胸前的双臂；身体前倾或后仰，整个身体放松下来；双腿分开；紧握的拳头突然松开；不停地翻看保险计划书；询问其他的保险产品后，接着翻看保险计划书等，这些都是客户放松警惕，开始考虑购买的信号。

另外，心理学家研究指出，当人的瞳孔比平时扩大很多，目光变得炯炯有神时，说明他们看到了有趣的物品或者非常关心的事物。因此，客户的眼神也是一种十分重要的行为购买信号。

保险销售员在交谈时，一定要善于分辨客户的眼神。当发现客户的眼神有明显的变化，但是又不能断定是不是购买信号时，也可以通过提问来确认这一点。

三、表情信号

表情信号是客户通过面部表情表现出来的信号，这种信号可以反映出客户的心情和感受。不过表情信号非常微妙，并且具有一定的迷惑性，所以保险销售员需要认真鉴别。具体观察时，下面这些信号可以作为参考。

频频下意识地眨眼睛或点头；神采奕奕，看上去很有兴趣；腮部放松，情绪轻松明朗；从冷漠、深沉、怀疑变为随和、自然、大方；嘴唇抿紧，认真思考着什么；态度友好和善、神色活跃等。

搞清楚客户的购买信号后，保险销售员要及时抓住信号并促成交易。促成时，保险销售员可以针对客户的不同反应，采用一些话术进行引导。

第一，客户一直举棋不定，左右为难时，可以就客户的犹豫，询问是否要具体看一看保险内容。

第二，针对有特殊购买需求的客户，可以直接抛出利益点吸引客户。比如："这款产品的保障范围非常广，无论是烧伤、烫伤，还是摔伤、崴脚，都可以得到赔付。"

第三，客户对产品不是很满意时，可以采用选择询问法，封闭客户的想法。比如："您喜欢缴费时间比较长的还是缴费时间比较短的产品？"

第四，客户有所顾虑时，可以找出利益点进行引导，让客户没有理由不买。常用的句式有"这款产品完全解决了您的顾虑，既不会……又不会……"

第五，客户一直观望价格，感觉资金有压力时，可以适当用语言鼓动客户。比如："这款保险产品保费很低，合算下来一天也就 20 块钱。"

跟客户打交道，考验的不仅是专业能力，还有观察能力。保险销售员要注意把握客户的每一个信号，或许其中一个肢体动作就能透露出客户的购买意愿。仔细观察这些细微的购买信号，并采取相应的策略和技巧，就可以快速拿下订单。

◎ 主动出击，提出签单请求

内容简析

在保险销售的最后阶段，很多客户都发出了明显的购买信号，这时如果客户还迟迟不肯成交，保险销售员就可以使出撒手锏——直接请求签单。主动出击，把主动权握在自己手上，客户才能一锤定音，顺利签下订单。

很多客户在签单的关键时刻总会犹豫不决，尤其是在涉及钱财的问题上往往慎之又慎，一时之间难以做出投保的决定，这时保险销售员的主动至关重要。正所谓"快刀斩乱麻"，保险销售员主动出击，帮助客户做决定，既能减轻客户的压力，又能形成双赢的局面。

张蒙："陈女士，您觉得这个保险计划怎么样？您还有什么不明白的地方吗？"

客户："没有了。不过我最近觉得身体不太舒服，不适合买保险，所以等我好点了再找你吧。"

张蒙："既然这样的话，那我可以帮您安排体检时间。因为体检核保到底能不能通过，咱俩谁说了都不算，只有拿到了体检报告才有定论。您觉得怎么样？"

客户："这样也可以，但是我不知道什么时候才有时间。"

张蒙："您非常忙，这个我能理解。不过，您肯定不会天天都没空吧？再说了，身体是革命的本钱，再忙也要留出体检的时间啊。健康才是最大的财富，如果没有健康的体魄，其他一切都免谈，您说是吧？"

客户："嗯，你说的对。"

张蒙："那您还有其他不明白的地方吗？如果没有的话，我们先把手续办了吧，这样您和您的家人也能早点获得这份保障。您觉得呢？"

客户："可以，那就现在开始办吧。"

在上面这段对话中，客户在签单时明确提出了不投保的理由，但保险销售员张蒙干脆利落地否决了客户的理由，直截了当地提出了签单的请求，最终客户选择了签订合同。这个例子告诉我们，在销售的最后一个阶段，保险销售员如果能够把握好时机，主动出击，很有可能掌握更大的决定权，进而成功促成交易。

但直接提出签单请求是最简单也是最难的任务，因为它十分考验保险销售员的理解力和心态。一方面保险销售员要准确地判断客户的心理活动，另一方面保险销售员还要制造和谐的成交氛围。

首先，使用直接请求签单的方法要把握良好的时机。通常在以下两种情况下可以使用此种方法。一是客户有明显的购买意图，但是因为某种原因迟迟不肯签单的时候；二是客户已经足够了解产品，没有什么异议，但是仍然不主动签单的时候。

其次，要恰当使用直接请求签单的方法。客户发出明显的购买信号之后，保险销售员要用简明扼要的语言请求客户签单。在整个过程中，保险销售员不要慌乱，应当沉稳自然、不卑不亢，既不拘束也不张扬，从而增加客户的信任感。

其中，下面这些举动暗示了客户的购买欲望：客户询问理赔问题时，代表客户期待投保后保险公司的售后处理；客户详细询问保额、保费，并加以计算时，表明客户希望将自己的一部分资金用来支付保险；客户神情严肃，非常专注地看合同时，是想再仔细了解一下合同，避免自己吃亏等。

再次，要把握直接请求签单方法的使用技巧。

第一，自信大方。很多经验不足的保险销售员非常害怕遭到客户的拒绝，所以不敢轻易地提出签单请求，这是典型的不自信的表现。销售保险本来就是按照公平交易的原则进行的，客户购买后必定会得到一份保障。因此，保险销售员要克服羞于开口的心理，自信大方地直接提出签单请求。

第二，主动出击。通常客户即使产生购买欲望，也不会主动提出购买，所以保险销售员不要妄想签单机会主动上门来找你。在销售的最后一个阶段，要想促成签单，还需要保险销售员自己踢出这"临门一脚"。

最后，给大家介绍几种直接请求签单的话术。

（1）现在您就可以办理投保手续了，整个过程非常简单，首先麻烦您在这里签一下字……

（2）这份保险计划是根据您的保险需求"量身打造"的，为了能让您早点获得这份保障，多一份安心，请您在这里签个字。

（3）既然您已经没有问题了，那我们就可以为您办理投保手续了，麻烦您出示一下身份证件，我帮您核对一些相关的信息。

"圣人常顺时而动，智者必因机而发"。一个成熟的保险销售员在识别客户的购买信号后，往往会选择主动出击，将主动权掌握在自己手上。比起消极以待，直接向客户提出签单请求能极大地提升成功的概率。

◎ 激将法让客户主动签单

内容简析

　　客户一再犹豫不决，不肯签单，这时不妨使用激将法给客户下一剂猛药，让客户主动签单。不过，这剂猛药使用时有很大的"副作用"，所以保险销售员还需注意使用对象和使用方法。只有使用得当，这剂猛药才能发挥出它的作用。

　　在保险销售过程中，有些客户明明有购买欲望，却总在成交的紧要关头因为资金或其他原因犹豫不决，甚至放弃签单。要想顺利搞定这些客户，拿下签单，保险销售员可以尝试使用激将法。

　　激将法是指利用客户的求胜心、自尊心以及逆反心理激起客户不服输的情绪，将客户的潜能激发出来，进而达到说服客户的目的。使用激将法可以有效地激发客户的购买意愿和决心，有效促成签单。

　　保险销售员李非在向某公司经理程先生销售保险时，程先生对产品已经足够了解，但是却一直犹犹豫豫不肯签单。于是，李非决定使用激将法刺激一下客户。

　　李非："现在社会对于'好男人'的标准越来越高，除了有房有车之外，还要有保险。我之前接触的很多客户都喜欢谈保险，他们认为保险是关爱妻子和儿女的一种方式。尤其是人身安全保险格外抢手，因为它不仅是一种投资，还是关爱妻子、挚爱儿女的体现，所以很多客户签单时都特别爽快。"

　　客户："呵呵，是吗？不过，我还是想考虑一段时间。"

　　李非："程先生，您的谨慎我可以理解。或许您并没有把丈夫和父亲这两个社会关系放到足够高的位置考虑，如果您真的非常爱您的妻子和儿女，您肯定会非常在乎他们的平安，并早早为他们的平安买一份保障的。您想想，如果您的妻子和儿女知道了您拒绝给他们一份保障，他们是否会感到难过呢？"

　　程先生："不就是两份保险的事儿嘛，这两份保障和安心我还是给得起他们的，你都这样说了，我就买两份吧。"

李非："您说的不错，那现在就请您签下这两份保障，给他们一份安心吧。"

李非面对程先生签单之前的犹豫，使用激将法将签单提升到了丈夫和父亲的责任的高度，让客户意识到，如果不买保险就是不爱自己的妻子和儿女，是没有家庭责任心的体现。李非的言辞激发了程先生的自尊心，最终成功促成了交易。

由此可见，激将法可以激起客户不服输的情绪以及签单的决心。不过，激将法在销售过程中是一把双刃剑，存在着一定的局限性。

首先，激将法对时机、语言、方式等细节要求很高，一旦使用不当很容易导致客户不满，甚至愤怒。其次，不是每位客户都适用激将法，一旦用错对象，可能会将事情变得更糟糕，导致无法成交。

保险销售员小孙与客户张先生洽谈时，就因为激将不当，失去了一份大单。

客户："你的保险计划我看了，但是我觉得一年 2 万元的保费太高了，所以我得再考虑考虑。"

小孙："张总，您的经济实力这么强大，这区区 2 万块钱的保费还不是小菜一碟吗？"

客户："你这么说我可就不爱听了，我的钱再多也是辛辛苦苦赚来的，我也不能随随便便挥霍完呀。"

小孙："您说的对，不过前段时间，××公司的李总眼睛都不眨地在我这儿签了 10 万元的保单，这样比起来，您的魄力还不够啊。"

客户："你说的都对，我没人家厉害，我就是买不起保险，行了吧。"

小孙："张总，我不是这个意思，我只是想让您再考虑一下。"

客户："对不起，我不想买了，请你出去吧。"

保险销售员小孙本来想用激将法促成签单，却不承想言语太过激，不但没有激发客户的需求，反而引起客户的不悦，被客户赶出了办公室。可见激将法虽然好用，但是使用不当也会给自己带来大麻烦。

由于激将法有利也有弊，保险销售员在使用激将法时，应该注意以下几点：

一、注意使用对象

使用激将法要考虑客户的年龄和性格特征，通常这种方法只适用于自尊心、虚荣心很强，喜欢争强好胜的客户。如果客户的性格特点并非如此，激将法不仅很难发挥效果，甚至还会引起相反的结果。

通常情况下，激将法用在年龄小、经验少，非常在乎穿衣打扮，有一定社会地位的人身上会有很好的效果，而用在成熟老练、经验丰富的人身上是不会奏效的。因此，保险销售员使用激将法时，一定要注意对象，千万不可滥用。

二、切忌逼迫客户

很多客户即使看到了保险的利益和好处，也会因为比较强的自尊心，不愿意轻易改变自己的想法。这时，保险销售员一定不要用"你到底买不买啊""您不要犹豫了"这种强硬的语气逼迫客户，这样很容易让客户产生逆反心理，果断拒绝购买你的产品。

三、保护客户的自尊

购买产品的最终决定权掌握在客户的手中，如果客户的自尊心受到伤害，客户多半会用拒绝来对抗保险销售员。使用激将法应该在保护客户自尊心的基础上，激发客户的痛点。

四、激将态度要自然

激将法是一种人人皆知的战术，使用时保险销售员要注意把握好自己的态度，不要让客户轻易看穿你的战术。交谈过程中保险销售员要保持表情自然，态度温和，不要急功近利，同时还要巧妙地暗示客户可能会得到的利益，从而坚定客户的购买意愿。

除此之外，保险销售员还要注意根据不同的客户、销售环境和销售条件，采取不同的激将方式，切记不要盲目滥用。

◎ 制造签单抉择，"逼"客户就范

内容简析

　　面对签单当客户难以抉择时，千万不要让客户沉浸在"买"与"不买"的选择题中。正确的做法是，使用"二选一"成交法给客户制造签单抉择，询问客户是买这款产品还是那款产品，在潜移默化中"逼"客户就范。

　　签单时刻，客户不知道到底该如何选择？面对这种情况，优秀的保险销售员经常使用"二选一"成交法，给客户制造一个签单抉择，"逼"客户就范。

　　"二选一"成交法就是在与客户沟通时，为客户设定两个选择，让客户从中选择一个方案。最终无论客户选择的是哪一个，都能达到销售的目的。

　　在与客户沟通的过程中，保险销售员如果直接说出自己的意愿，大多数客户都不会乖乖照做的。这时，保险销售员可以根据客户的需求设计出两个选择，然后使用"二选一"的选择题询问客户。

　　大多数客户此时都会在两个选择中选一个，因为此时客户的思维已经潜移默化地被保险销售员主导，无论客户回答哪一个，保险销售员都已经掌握了主动权，可以引导客户进入下一进程。

　　可以说，在大部分情况下，"二选一"成交法屡试不爽。下面我们就来看一看保险销售员如何利用"二选一"成交法来引导客户。

　　客户："保险是个好东西，可惜我的资金都存在银行还没有到期，不然我肯定会买个 10 万 20 万的保险。"

　　方平："您的储蓄什么时候到期啊？"

　　客户："明年 2 月，现在是 5 月，还有好几个月呢。"

　　方平："几个月的时间过得很快的，一眨眼就到了。等到期了您肯定会投保的。"

　　说完方平开始和客户聊其他的，而且越聊客户越觉得方平和自己很投缘，谈话氛围也越来越和谐。这时，方平觉得时机到了，于是开始询问客户。

方平："既然明年您打算投保，那么现在不妨先做些准备工作。您看，您方便先提供一下您的相关信息吗？"

客户觉得与方平聊得来，非常爽快地出示了自己的相关信息。

方平接着问道："保费您喜欢月缴还是季缴啊？"

客户："季缴吧。"

方平："受益人除了您自己之外，您还可以指定为您的太太或孩子，您觉得指定谁更好呢？"

客户："我太太吧。"

方平："好的，那您的保费是选择10万还是20万呢？根据您的经济实力，20万应该不成问题。"

客户："那就20万好了。"

方平："好的，那下个季度我们会派人过来收取第二次保费的。"

客户："这样说的话，我现在是要先缴第一次的钱吗？"

方平："是的。"

客户："那行吧，那现在就先缴费吧。"

方平与客户沟通时，先制造了一个愉快的聊天氛围，然后在客户放松之际，采用"月缴还是季缴""指定夫人还是孩子""10万还是20万"等二选一的选择题，一步步将客户拉到自己的意愿之上，最终成功完成订单。

"二选一"成交法的精髓就在于让客户在保险销售员给出的问题中选择，避免客户在买与不买之间做选择。表面看起来保险销售员是给客户提供了选择的权利，实际上保险销售员是把选择的范围缩小到自己的意愿之中，牢牢地掌握了主动权。

这种方法在销售中经常能收到事半功倍的效果，但保险销售员在使用时，还需要注意以下几个事项：

一、注意使用时机

"二选一"成交法并不是在任何时候都适用，比如客户还没有了解产品时，保险销售员贸然问客户打算今天买还是明天买，客户肯定会认为你非常不靠谱。

通常使用这种方法时，有两个比较恰当的时机。

一是在客户了解产品信息时，保险销售员可以通过"您看您是想要保障型养老保险还是分红型养老保险""您觉得保费是 10 万比较好还是 20 万比较好"等二选一的问题，了解客户的基本需求。

另外，当遇到客户拒绝时，还可以通过"那您看您明天什么时候有时间再详谈一下，上午还是下午""我下周给您打电话详细沟通，您看您下周一和下周三哪天有空"等问题，获取接触客户的机会。

二是在促进成交时，保险销售员可以设置一些二选一的选择题，引导客户按照你的想法或意愿思考。比如使用"您觉得是按月缴好呢，还是按季缴好呢""您是付现金还是刷卡"等问题进行引导。

二、设置的选择要合理

保险销售员设置的选择要合乎常理，要以之前和客户交流的东西作为根据，这个选项必须是在客户能接受的范围之内，不能设置得太过夸张和突兀。比如对于一个经济条件一般的客户，保险销售员如果问客户是要理财型保险还是投资型保险，客户的需求多半不会被激发。

三、语言表达要恰当

使用"二选一"成交法时，保险销售员要时刻注意客户的情绪变化。当遇到不喜欢被安排的客户时，保险销售员的语气一定要温和，不要太过强硬地要求客户做出选择，否则很容易引起客户的不满和逆反心理。

比如保险销售员可以用"您看，您喜欢……还是……""您觉得……和……哪种方式更合适呢""您是要……还是……"等比较委婉的语气询问客户，这样的方式更容易让客户接受你的想法和建议。

保险销售员在使用"二选一"成交法时，只有找准时机，设置合理的选项，创造良好的语言环境，才能达到想要的销售效果。在日常销售过程中，保险销售员要时常练习，谈话时可以多多询问客户的需求。让客户进行选择时，可以适当多给客户几个选择，这样既可以正面引导客户，又可以有效提高销售效率。

◎ 替代思考，让客户以为签单时机已到

内容简析

　　化被动为主动，假定客户已经做出了成交的决定，代替客户直接思考成交后的具体细节，当你处理完客户成交时的"疑难杂症"之后，客户就会认为签单时机已经到了。这时，保险销售员再添"几把柴"，客户自然就会顺势和你达成交易。

　　在保险销售的最后一个阶段，如果保险销售员放任客户不管，客户多半会按照自己的想法东奔西走，消失不见。要想在签单阶段挽留住客户，保险销售员还有什么绝招可以使用呢？

　　在诸多成交方法中，有一个方法极为另类，它不显山不露水，经常在客户还未察觉出来之时就做出了成交的决定，这一方法就是假设成交法。

　　假设成交法就是假定客户已经做出了成交的决定，代替客户直接思考成交后的具体细节，这样客户就会以为签单时机已到，进而把购买信号转化为成交行动。这种方法的优点就是客户不易察觉，不会产生排斥感。

　　为了更好地理解这个方法，我们来看一则案例。

　　丁远："康女士，您觉得我刚刚给您介绍的这两款保险，哪款更合您的心意呢？"

　　客户："你让我再想想。"

　　丁远："您觉得每年投保的保费在什么范围内您可以接受呢？"

　　客户："我现在经济实力并不是很强，所以每年的保费预算只能在 3000 到 6000 之间。"

　　丁远："那我觉得第二份保险计划更适合您，这款保险每年缴纳 5000 元的保费就可以了。"

　　客户："那它的保障范围是不是很小啊？"

　　丁远："相对于第一份来说，这份保险的保障范围确实小了一些，不过对于

您来说，它的保障范围已经足够了。您看一下，这份保险计划您可以获得……"

客户："嗯，你这么一说，我感觉确实够用了。"

丁远："对呀，保险金您觉得是月缴比较好，还是季缴比较好呀？"

客户："月缴吧。"

丁远："好的，那现在麻烦您出示一下身份证，我填写一下相关信息，这样您就可以早一天获得保障了。"

客户："好。"

在上述案例中，当客户提出需要考虑一下时，保险销售员丁远跳过了客户的犹豫，假设客户已经同意购买保险，然后直接和客户讨论签单的细节，比如投保金额、付款方式等。客户本来没有购买意识，但是在丁远的引导下不知不觉默认了成交结果，最终办理了投保手续。

通常客户在决定购买后，他们会重新进入一段思考期。在这个时期，他们会慎重考虑产品的投保金额、保障范围、理赔流程等问题，并且会刻意地寻找更多的证据来支持自己购买的决策。

基于客户这一心理特点，保险销售员就要在客户产生购买欲望时，从客户的角度代替他们思考，帮助客户同时也是帮助自己搜集更多对产品有利的证据，进一步向客户证明，他们的签单决策是正确的。这样一来，客户就会排除产品的劣势，果断签单。

假设成交法可以在一定程度上提高保险销售的效率，不过这种方法并不是随时随地都能发挥作用的。保险销售员在使用这种方法时，应当注意以下细节。

一、注意使用条件

保险销售员使用假设成交法时要具体问题具体分析，千万不可盲目使用。其一，使用假设成交法时，要找准客户类型，通常决策能力比较低的老客户比较适用这种方法。其二，只有当客户具有主动购买意愿时，保险销售员才能使用这种方法，否则很容易收到相反的效果。

二、态度要真诚

理想状态下，保险销售员在使用假设成交法后，客户会顺利签单。但并非所有客户都会如愿达成交易，面对没有签单的客户，保险销售员应当认真、耐心地继续帮助客户答疑解惑，用真诚的态度和服务打动客户。

三、措辞要恰当

与客户交谈时，保险销售员的语气不能太过强硬，要尽量以委婉、商量的语气交谈，以免客户产生抵抗心理；措辞应当清晰明了，不能模糊不清，以免客户产生怀疑和不信任感；不可催促客户，应当沉着冷静，耐心自然地引导客户。

替代客户思考的关键在于能够准确抓住客户的特点，因此使用假设成交法时，保险销售员必须善于分析客户，及时发现成交信号，进而制造可以签单的机会，让客户为之所动。

| 第十一章 | Chapter 11

做好售后服务，卖出保险只是第一步

◎ 售后第一步：第一时间奉上保单

内容简析

　　售后服务是保险销售的重要环节，在这一阶段，保险销售员应当在第一时间奉上保单，及时为客户提供完美的售后服务。因为客户对服务的满意程度直接决定着保险销售员的销售成绩，只有客户满意了，保险销售员的未来销售之路才能更顺畅。

　　当客户签单以后，很多保险销售员认为订单已经是板上钉钉的事情，所以经常一拖再拖，忽略递送保单这一环节。然而，签单并不代表服务的结束，递送保单正是售后服务的开始。如果售后的第一次服务就没有到位，那么客户很有可能会选择退保，这样一来，保险销售员之前的努力都会付之一炬。

　　客户："小高，你上次不是说保单很快就会出来吗？这都过了一个星期了，怎么还没有动静啊？"

　　高琳："甄女士，您别着急，我现在没在公司，等我下午回公司给您查一下，然后立马回复您。"

客户："行吧，那你可别忘了这个事啊。"

高琳："好的。"

当天下午，高琳回去后发现，客户的保单已经出来了。但高琳还有一个新客户在等着她签单，于是高琳想着先签完单再联系客户。

客户这边等了一下午都没有接到高琳的电话，担心了一个晚上，第二天客户又气又急地向公司投诉，要求退保，高琳这才连忙与客户联系。

高琳："甄女士，非常抱歉，我昨天太忙了，我本来打算今天直接过去给您送保单的，这不现在还没来得及嘛。"

客户："你自己答应的事情却一再失信，我实在不能信任你了。投保之前你三天两头来找我，那时候怎么没见你忙啊。我已经不想听你解释了，赶紧把这份保单给我退了吧。"

高琳见此，着急得不得了，可无论她怎样向客户道歉，客户就是不听，最终客户把保单退掉了。

高琳在递送保单的事情上一直拖拖拉拉，并且在客户出现不满和质疑时，也没有及时化解客户的不良情绪，最终导致客户退保。由此可见，售后服务是检验保险公司信用的重要依据，保险销售员千万不可忽视这一环节。

客户投保之后，保险销售员要想保持自己的良好形象，让客户一直信任自己，就要认真对待售后服务的每一个环节。当客户的保单审批下来后，保险销售员不能拖延，应当第一时间奉上保单，以维持客户对保险公司的好感。

给客户递送保单时，保险销售员需要做好以下工作：祝贺客户、保单说明、保单签收、售后服务。这些工作在保险销售中至关重要，每一个细节保险销售员都要认真对待，用心去做。

一、祝贺客户

保险本来就是一份公平的买卖，客户购买保险的同时也获得了一份保障，所以保险销售员在服务过程中不必觉得低人一等。递送保单时，保险销售员要大方地祝贺客户，夸赞客户有责任心，这样才能让客户觉得这笔钱花得物超所值。

具体来说，保险销售员可以使用以下话术对客户表示祝贺：

"恭喜您做出了如此明智的选择，现在您的家人成功拥有了一份保障，你们的生活肯定会越来越幸福。"

"恭喜您成功通过投保审核，这证明您的身体、财务状况等方面都非常好，而且在保险的保护下，您未来的生活会更加平安、稳健。"

"恭喜您为您的家人增加了一份保障，从此您可以高枕无忧地享受未来的幸福生活了。"

二、保单说明

当客户拿到保单之后，保险销售员首先要与客户一起核对保单信息，比如客户姓名、身份证号码、投保金额等。然后保险销售员要仔细向客户说明保单的保障范围，并反复强调保险条款中比较关键的内容，使客户明确其利益，避免不必要的纠纷。

需要注意的是，保单中有 4 个关键时间点，即犹豫期、等待期、宽限期和中止期，它们与客户的利益息息相关，因此保险销售员应当向客户阐述清楚。

名称	内容
犹豫期	犹豫期一般在 10 到 20 天之内，投保人在这个时间内退保，保险公司应当退还其所交全部保费。超过犹豫期，投保人退保只能获得保费的现金价值
等待期	等待期是指在保险合同生效的指定时期内，投保人发生保险事故后，受益人不能获得保险赔偿。通常，重大疾病保险的等待期为 90 到 180 天，医疗险的等待期为 30 天
宽限期	宽限期是指投保人未按时缴费时，保险公司给予投保人的宽限时间，在此时间内投保人发生事故，保险公司依旧要负赔偿责任。但如果超过宽限期，投保人还未缴清保费，保险合同就会中止。保险法规定，保险合同的宽限期为 60 天
中止期	中止期是指在保险合同存续期间，因为某种原因保险合同暂时失效。在中止期发生的保险事故，保险公司不承担责任。但被中止的保险合同可以在 2 年内申请复效，复效后的合同与原合同具有相同的效力

三、保单签收

保单签收时，保险销售员要仔细询问客户，是否已经清楚保单的所有条款。如果客户对保单没有异议，就请客户在回执单上签字，并保管好保单和相关资料。

四、售后服务

保险是一个长期服务的产品，在这个过程中保险销售员要不断跟进后续服务。因此在客户签收保单后，保险销售员应当向客户保证，在保障过程中无论出现什么问题都会竭诚为客户服务，帮助客户解决困难，以此来换取客户的安心。

另外，保险销售员可以利用客户签收保单的机会，不失时机地提出转介绍的请求。一般来说，如果保险销售员已经在客户心中建立了良好的信誉，客户是不会拒绝转介绍的请求的。通过客户的转介绍，保险销售员就可以获得更多的客源。

客户对服务的满意程度决定着保险销售员的销售成绩，所以保险销售员千万不要轻视售后服务。而售后的第一步，就是第一时间为客户送上保单，只有做好这一步，保险销售员的工作才能继续开展下去。

◎ 客户回访，维持客户信赖

内容简析

保险不是一锤子买卖，客户购买保险后的服务更能体现保险销售员的专业素质。要想让你的客户成为"回头客"或者带来更多的客源，千万不能忽略客户回访这个环节。时不时地拜访一下你的老客户，适当带点小点心或者小礼物，长此以往，客户会对你越来越信赖，你的客源也会因此越来越多。

罗马建成非一日之功，保险销售员和客户的关系也不能一蹴而就。在漫长的保险业务中，保险销售员如果想维持客户的信赖，不仅要做好销售服务，还要做好售后服务。其中，回访客户是服务客户的一项重要内容。

回访客户不但可以拉近与客户的感情，增加客户的满意度，还可以降低客户的投诉率，增强客户的信任感。优秀的保险销售员经常回访客户，并由此赢得更多客户的青睐。

××保险公司的田泽，连续多年获得公司的销售冠军。他认为，销售保险的最大秘诀就是做好服务。

田泽有个拜访公司的习惯，并且拜访时还会带上几杯咖啡、几盒糕点。每次进门时，田泽都会先把吃的喝的分发给公司员工。久而久之，不仅田泽的客户对他颇有好感，公司里的普通员工也非常喜欢他。

这天，田泽照例拿上几盒小点心去一家公司拜访客户。一进门，公司里的一个员工小张就拉住了田泽。

小张："哎呀，可算把你盼来了，这段时间我一直想买份保险，但是苦于不知道该如何选择，你快帮我规划规划，看我适合买什么保险啊。"

田泽："原来是小张啊，听说你前段时间刚结婚，恭喜恭喜啊。"

小张："这事你都知道，你可真是百事通啊。"

田泽："哈哈，既然你刚结婚，我建议你先给自己买一份重疾险。"

小张："这买保险有什么讲究吗？为什么结婚后要先买重疾险啊？"

田泽："是这样的……"

小张："你这么一说，我就明白了，原来买保险真有这么多门道啊。那你赶紧帮我买一份吧，我们公司的张经理最信任你了，经常在你这儿买保险，所以我觉得买保险这事还是在你这儿比较靠谱。"

田泽："能得到你们的信任是我的荣幸。那现在我们先看看这几款重疾险吧。"

小张："好的。"

……

保险销售员田泽最聪明的地方就在于，回访客户时抓住拓展客源的机会。利用咖啡、小点心这些小心意慢慢打动客户所在公司的其他员工，潜移默化地培养了一批客户。正是因为这样，小张才会在买保险的第一时间想到田泽。

田泽的成功说明，回访客户，时刻与客户保持密切的联系非常重要。保险销售员平时如果能多花一些时间和精力拜访客户，维持客户的信赖，那么无论时隔多久，客户购买保险时都会首先想到你。

回访客户也讲究一定的技巧，不能在毫无准备的情况下盲目回访。首先，在回访的方式上，保险销售员可以选择电话回访、上门回访、信函回访等，其中电话回访是最常用的。

一般客户投保之后，保险公司都要对客户进行电话回访。回访内容主要针对客户的投保问题。比如是否本人投保、是否了解条款、是否清楚险种信息等。

保险公司的例行回访主要是为了了解投保人是否已经清楚各项权益，保险销售员的回访则主要是为了维持客户的信赖。

其次，要注意回访的时机。通常逢年过节、婚丧嫁娶时，是保险销售员回访的最佳时机。因为在这些特殊的日子里，保险销售员的回访显得比较自然，并且送礼也比较应景，客户更容易接受。

回访过程中，保险销售员还要注意以下细节：

第一，回访之前，要对客户进行分类。客户分类的方法有很多，比如职业、年龄、性别、性格等，具体可按照自身情况进行划分。分类完成之后，保险销售员要根据不同类别的客户制定不同的服务计划。

客户类型	应对策略
冲动型客户	温和友好：这类客户性情比较急躁，常常因为一时性急而说出很多气话，这时保险销售员千万不可与客户较真，应当以温和友好的态度与其交谈。只要客户能够平静下来，通常会果断地决定自己的所需，所以对待这类客户，保险销售员要多些耐心
犹豫型客户	果断出击：犹豫型客户经常优柔寡断、三心二意，非常容易被人左右。这类客户在新单回访时非常常见，他们经常刚刚购买完保险又反悔。对待这类客户，保险销售员应当用坚定和自信的语气消除他们的顾虑，引导他们将买保险看作是一种正常行为
满足型客户	递送台阶：这类客户常常满肚子抱怨和不满，喜欢借题发挥或者小题大做。对待这类客户，保险销售员不妨巧妙地递送一个台阶，满足他们的欲望。当他们发泄自己的情绪时，保险销售员应认真倾听，适时询问他们的意见和看法，满足他们的自尊心，这样一来，客户就会慢慢理智下来

第二，明确客户需求。确定了客户分类之后，保险销售员要明确客户的需求。知道客户所需，保险销售员才能在回访时体现对客户的关怀，让客户感动。比如客户最近有旅游的计划，保险销售员可以为客户制定一份旅游保险计划或者旅游指南等。

第三，解决实际问题。保险销售员在回访过程中，要了解客户对产品和服务的不满之处，找出问题，进而改进产品和服务。最好的客户回访是通过提供超出客户期望的服务来提高客户对企业的信任度和美誉度，而且日积月累的客户回访能提升保险销售员的业绩。

另外，保险销售员应当言而有信，不能始于言而止于行。很多保险销售员明明知道回访的重要性，但总是不付诸行动。这些保险销售员经常做出"李先生，抽空我过去探望您""高姐，有时间我带您了解一下公司的最新理财资讯"等承诺，但最后却很少兑现。

久而久之，客户就会把保险销售员的话当作耳旁风，这时保险销售员再上门推销，客户多半不会把你的话听进心里，结果可想而知。因此，诚实可靠也是回访的一项重要品质。

◎ 信守承诺，理赔服务要周到

内容简析

　　理赔是客户最关心的问题，如果理赔服务做不好，保险销售员和公司的信誉都会受到影响。因此，在客户发生特殊情况需要理赔时，保险销售员应当信守承诺，及时提供周到的理赔服务，争取让客户满意，进而提升自己和公司的形象，赢得更多的客户。

一位保险销售大师曾经说过："销售前的奉承，不如销售后的周到服务，这是制造永久客户的不二法门。"售出保单代表着保险销售员的售后服务正式开始了。当客户发生意外需要理赔时，保险销售员应当信守承诺，做好理赔服务。只有这样，客户的满意度才会提高，保险销售员的形象也才会得到提升。

客户："小关啊，我是邱敏，前段时间在你这儿买了一份医疗保险，你还记得吗？"

关朋："邱姐啊，我记着呢，请问有什么可以帮助您的吗？"

客户："我前两天生病住了几天院，想问问你们的理赔手续要怎么办理啊？"

关朋："您生病了啊，现在怎么样，好点了吗？"

客户："好点了，谢谢你的关心。"

关朋："那就好，理赔这事我肯定帮您办好。您看，您下午2点方便吗？如果方便的话我去您家里一趟，给您详细说说理赔的事情。"

客户："也行，那你下午过来吧。"

下午3点，关朋带了一些营养品准时来到客户家里。

关朋："邱姐，看您现在还是有点虚弱，这段时间一定得好好休养一下啊。"

客户："你说得对，这几年总是忙工作，这不病了才知道要好好保养。"

关朋："对呀，健康这事千万不能忽略。对了，邱姐，来之前我特意看了一下当初的保险合同，按照合同来看，这次您的住院费用可以报销××元，您需要准备好身份证件、医疗证明、缴费单、诊断书等文件。您现在生病不太方便，所以可以直接写个委托书，我可以替您办理理赔事宜。"

客户："那就麻烦你了，我马上准备相关证件。"

关朋："好的。"

事后，客户在关朋的帮助下顺利拿到了理赔款。客户觉得关朋办事非常靠谱，于是又在关朋手上替家人买了一份保险。

关朋得知客户生病出院后，及时拿着营养品去拜访客户，帮助客户处理理赔事宜。这一系列体贴、周到的理赔服务成功获得了客户的信赖，最终又成功得到了一笔订单。由此可见，周到的理赔服务至关重要。

理赔是保险公司的口碑来源，只有理赔迅速，服务周到，才能赢得更多的客户。不过很多保险销售员认为，理赔服务很难做，一旦出错，很容易引发客户的不满或者投诉。

理赔程序虽然看起来很复杂，但说到底主要就是解决三件事情：一是报案处理，二是收集理赔材料，三是理赔处理。只要保险销售员处理好这三个问题，客户基本上就不会有什么疑问了。

一、报案处理

保险销售员接到客户的报案后，应当立即停止手上的工作，尽快与客户约好时间和地点，及时探望和慰问客户。

慰问过程中，保险销售员要了解清楚出险时间、出险地点、事故经过、就诊信息等基本信息，然后根据这些信息快速计算出客户可以得到的理赔款并告知客户，从而让客户安心。

二、收集理赔材料

客户报案后，保险销售员需要收集客户的理赔材料。这一步是理赔过程中最容易出错的部分，很多客户都是因为理赔材料不对或者不全导致理赔失败的，因此保险销售员要格外细心和认真。

具体来说，理赔材料大致可以分为三类：

1. 基础材料

基础材料包括理赔申请书、身份证、银行账号、保险合同等，这些材料都是现成的，比较容易收集。需要注意的是，保险销售员在售出保单时，应当提醒客户保管好相关材料，以免理赔时出现不必要的麻烦。

2. 关系证明

如果被保险人不能亲自申请理赔，而交由他人申请，还需要出具关系证明。重疾险、医疗险这些用于治病的保险在申请委托理赔时，需要出具一份经过公证的授权委托书。寿险、意外险等由于被保险人死亡需要理赔的，则需要出具一份受益人和被保险人的关系证明。

如果被保险人之前指定了受益人，受益人只需提供户口本即可。如果被保险人选择的是法定受益人，那么受益人还需要到公证处确认合法继承权和继承份额。因此，在销售保险时，保险销售员可以建议被保险人指定受益人，而不是默认法定受益人，这样办理理赔时需要收集的材料比较少，办理的速度也比较快。

3. 第三方出具的报告或证明

第三方出具的报告或证明非常重要，直接关系到理赔是否能够完成。这部分材料主要包括以下部分：

（1）急症或住院医疗单据。这些单据包括用药清单、出院小结、检查报告等，总之医院的每一张纸都是报销或者给付的重要凭证，所以保险销售员要告知客户认真保留。

（2）重疾或者轻症保险需要出具的相关材料，包括二甲以上医院出具诊断证明书、医疗病历、病历组织检查报告等。

（3）伤残保险需要出具专业鉴定机构的残疾程度鉴定书。

（4）身故保险需要出具死亡证明、户籍注销证明。

三、理赔处理

收集完资料后，保险销售员要及时将资料提交到保险公司进行核实。在核实过程中，有些客户可能会比较担忧或焦急，因此保险销售员要实时告知客户理赔的进展情况，避免客户产生不必要的猜疑。

理赔款下来后，保险销售员应当第一时间将理赔款送到客户手上。如果客户有指定的账号，保险公司转账成功后，保险销售员要及时提醒客户注意查收。

如果理赔程序没有通过，保险销售员也不要慌张，应当及时与客户联系，找出理赔失败的原因。若该原因为保险公司的理赔程序出现故障，保险销售员应当帮助客户解决问题；若该原因为客户不符合理赔条件，保险销售员则要秉公处理，坚决杜绝骗保现象，维护公司的权益。

◎ 让遭遇风险的客户感受到温暖关怀

内容简析

患难方见真情，真情才会收获真心。客户遇到危难之时，保险销售员若能发自内心地想客户所想，急客户所急，帮助客户解决问题，必然能收获客户真诚的信赖和帮助。对于保险销售员来说，一份温暖关怀是提高业绩的无形利器。

很多保险销售员在售后服务时大变脸，对客户爱答不理，这种行为显然是自断后路。面对遭遇风险的客户，保险销售员如果能想客户之所想，急客户之所急，用一颗至诚之心给客户一份温暖关怀，则不但能换来客户的忠诚，还可以提升业绩，拓宽业务。

前段时间，保险销售员赵华的客户李女士生病住院了。赵华一听到这个消息，马上带着一些水果和营养品去看望李女士。通过交谈，赵华了解到，李女士的丈夫工作特别忙，并且还要照顾幼小的女儿，所以无法抽身照顾李女士，正在着急找护工帮忙。

赵华随即对李女士的丈夫说："这点小事不算事儿，正好我最近不太忙，而且我和李姐十分投缘，这事包在我身上就可以了。"李女士一家听到后，感动不已。

后来，经过赵华的悉心照料，李女士很快出了院。不仅如此，赵华还帮助李女士办理了理赔手续。李女士一家感受到了赵华无微不至的关怀，心中感激不尽，于是又在赵华这里买了好几份保险。

保险销售员赵华在客户遭遇危难之际，及时看望客户，主动陪床照顾，事后还积极为客户办理理赔手续，这一系列的真诚关怀打动了客户，赢得了客户的信任。最终，客户用更多的保单报答了赵华。

投桃报李是人际交往中的人之常情，当客户遇到困难之时，保险销售员若能站在客户的立场上为客户排忧解难，及时给予客户一份真诚的关怀，相信客户肯定会感受到这份温暖。当客户心中建立起牢固的信任后，肯定会用更多的订单和客源回馈保险销售员。

风险不可预测，无法阻挡，但关怀之心不能迟到。客户遭遇危难之际，正是保险销售员赢得客户的大好时机，因此保险销售员要及时通过各种形式打动客户。

一、及时慰问

人在遇到困难时，都希望在第一时间得到问候和关心。保险销售员得知客户出险后，应当把握时机，主动拿着水果、营养品等去看望客户，让客户感受到保险在风险面前的作用。

二、解决危急

危难来临时，最能打动人心的不是解决危难后的锦上添花，而是危急时的雪中送炭。客户出险后，保险销售员应当站在客户的角度，思考客户当前的危急是什么，并尽全力帮助客户解决好，免除客户的后顾之忧。

2018年2月，保险销售员刘海接到报案电话。他的客户范先生一家在新加坡旅游期间，他一岁的女儿不幸在酒店被开水烫伤，正在医院进行手术。接到报案后，刘海立即安排专人跟进，实时关注孩子的治疗情况，并且每天通过微信与客户保持沟通。

　　此外，刘海考虑到新加坡的医疗费用比较高，为了缓解客户的经济压力，他向保险公司申请了绿色理赔通道，术后第 3 天就利用照片资料一次性赔付了客户 12 万元的医疗费。

　　经过 20 天的治疗后，范先生一家顺利回国。刘海第一时间赶到客户家中慰问，并帮助客户收集理赔资料，办理理赔事宜。此次意外一共赔付了范先生 13 万元，除去 12 万元的医疗费，还包括范先生一家因为意外事故延期留在新加坡期间的生活费用。

　　范先生看到刘海为自己忙前忙后，费尽心思地帮助自己，心中十分感动。事后，范先生把自己的亲戚朋友甚至生意伙伴都拉来，为刘海拉了不少保单。

　　感恩之心，人皆有之。保险销售员能在第一时间解决客户之所急，等客户眼前的困难解决之后，也不会忘记回报保险销售员的恩情。

三、善后处理

　　做任何事情都要有始有终，处理完客户的危急后，保险销售员应当细心帮助客户处理好后面的事情，比如申请理赔、递送理赔资金等。周到的售后服务不仅可以维持自身的良好形象，还能增加客户的好感，赢得客户的信赖。

　　用真诚温暖的关怀赢得客户的感动和赞赏，用专业优质的服务赢得客户的信任，这是保险销售员进行售后服务的重要环节。在客户遭遇风险时，发自内心地去关心和帮助客户，客户也会真诚地帮助你拓展业务。

◎ 客户要退保，帮忙解决好

> **内容简析**
>
> 　　客户购买保险之后又反悔，要求退保，遇到这种情况，保险销售员一定要坦然面对。先安抚客户的情绪，然后弄清退保原因，找到合适的解决办法，同时遵守退保客户的应对法则。只要保险销售员的态度足够专业，服务足够优质，就会赢得更多再销售的机会。

　　保险是一种长期产品，短期之内很难看到利益，这就导致投保客户一旦遇到风吹草动，便会觉得自己购买的保险不划算，进而产生退保的想法。这时，如果保险销售员使用死缠烂打这种老套路是不会有任何成效的，要想让客户信服还需要真诚以待。

　　想要打消客户的顾虑，恢复客户对产品的信心，增加客户的忠实度，保险销售员应该用平常心看待客户的退保，用真诚的态度与客户沟通，找出客户退保的原因，并积极寻找应对之策。

　　客户："我想把之前买的那份保险退了，具体的退保手续要怎么办啊？"

　　卫天："这个您不用担心，退保手续我们可以帮助您办理。我可以先了解一下您退保的原因吗？据我所知，您购买的时候对这份保险还挺满意的啊。"

　　客户："这款产品确实挺好的，不过我最近刚刚离了婚，作为一个单亲妈妈，生活压力真的很大。"

　　卫天："您别伤心，总会有解决的办法的。您可以先告诉我您是怎么打算的吗？"

　　客户："我想把这份保险换成一款保费比较低的保险，这样我既能负担得起，也能在意外发生时让我的孩子有个基本保障。"

　　卫天："您的意思我明白了，身为父母总是想给孩子更多的物质保障。不过，如果您现在退保的话，只能收到三分之二的保费，所以我建议您还是不要轻易退保，您觉得呢？"

客户："可是以我现在的经济状况，负担确实很大啊。"

卫天："别着急，我们一起想想办法。其实除了退保之外，您还可以选择保单质押贷款。当然，不管您的决定是什么，我都会尊重您的意见，并帮助您办理相关手续的。"

客户："保单质押贷款是什么意思，可以用保单来贷款吗？"

卫天："保单质押贷款就是……"

客户："您说的不无道理，那我再考虑考虑吧，今天真是麻烦你了。"

卫天，"不客气，这是我应该做的。您以后有什么问题都可以联系我，我会和您一起想办法解决的。"

客户："好的，谢谢。"

保险销售员卫天面对客户的退保请求，首先冷静地分析了客户退保的原因，然后及时安抚了客户的情绪，并主动站在客户的角度上，帮助客户想办法。整个过程既专业又充满关怀，因此获得了客户的感激和信赖。

优秀的保险销售员应当坦然面对客户的退保请求，始终保持一个专业的形象，帮助客户寻找解决问题的方法。不管保险销售员最后采用哪种应对策略，都要遵守以下应对法则。

一、客户永远是对的

客户退保的理由各种各样，比如要买房子、家人不同意、要投资、收益太低等，但是客户退保的真实原因只有一个，那就是怀疑自己的购买决定。因此，保险销售员在劝阻客户时，应当将重心放在排除异议、坚定购买决定上面，千万不要执着于和客户明辨是非，急于澄清事实。

二、先处理心情再处理事情

面对情绪比较激动的客户，保险销售员千万不要因为客户的不满影响自己的情绪，而应当保持良好的心态。如果客户脾气比较暴躁，容易动怒，也要做到闻而不怒，然后找一些适当的措辞，先安抚好客户。

因为客户在情绪激动之时，往往会忘记事情的本质，而只是把你当作一个倾诉对象。只有客户的情绪平复下来，才会有心情处理事情，然后配合保险销售员解决问题。

三、转换场地

在客流量比较大的职场或者其他场所，如果退保客户的情绪十分激动，很容易影响到其他的客户。所以保险销售员在接待退保客户时，应当找一个相对安静的环境，与客户面对面地单独谈话。这样可以缩短退保客户在职场的停留时间，有效地降低退保的负面影响。

四、每单挽留

作为一名保险销售员，挽留每一单保单是最基本的职业要求和素养。无论客户退保的原因是什么，保险销售员都应该积极了解退保原因，及时采取挽留的措施和方法。如果经过一番挽留后，客户的退保态度依然十分强硬，保险销售员再选择帮助客户办理退保手续。总之，整个过程中，保险销售员要有足够的耐心。

另外，在客户购买保险后，为了防止客户反悔，也有一些小技巧可以使用。

第一，感谢和恭喜。客户购买保险后，保险销售员一定要对客户表示感谢和恭喜，比如对客户说："感谢您对我的信任，同时恭喜您和您的家人多了一份保障。"这样，客户才会觉得购买保险是一种对其有利的行为。

第二，赞美受惠对象。客户如果是为他人购买保险，保险销售员可以把产品和感情联系到一起，赞美实际的受惠对象，这样客户就很难反悔了。

比如丈夫给妻子买了一份保险，或者给自己买了一份保险，受益人是妻子。保险销售员就可以对妻子讲："您先生真是太爱您了，现在就开始为您的健康、您的未来着想，太会照顾人了。"这样一讲，丈夫就很难反悔了。

第三，反问客户。乔·吉拉德是一位著名的推销员，当客户购买他的产品之后，他总会问客户一句话："非常感谢您的信任，您做这样的决定实在是太明智了。不过我现在想特地请教您一下，您为什么会在我这儿购买呢？我很想在销售上更进一步。"

乔·吉拉德这种反问法非常巧妙，一旦客户回答了这个问题，就证明客户自己找到了真正的优点，自己说服了自己，所以事后就很难反悔了。

第四，扩大宣传面。保险销售员向客户递送保单的时候，可以有意识地让客户的亲朋好友、邻居、同事等知晓。因为每个人都要自尊心，知道的人越多，客户越不好意思退保。再者，这样也可以为自己做广告，扩大业务范围。

12

做大单，找到高净值客户

◎ 哪些人属于高净值客户

内容简析

　　不想当将军的士兵不是好士兵，同样，不想做大单的保险销售员也不是好销售员。大单是每个保险销售员心之向往的东西，而要想做成大单，首先就要找到高净值客户，也就是能够购买大单的客户。只有知道哪些人属于高净值客户，保险销售员才能找到努力的方向。

　　高净值客户是指在某个金融机构的户头上有大量净资产，并且该资产超过该金融机构一定标准的客户群体。与一般的零售客户相比，高净值客户在金融服务需求方面有着很大的差异。

　　比如工商银行认为，高净值客户需要满足以下 3 个条件：单笔认购理财产品份额超过 100 万元人民币；认购理财产品时，个人或者家庭金融资产超过 100 万元人民币；近三年内每年个人收入超过 20 万元或者夫妻双方超过 30 万元人民币。

　　简单来说，高净值客户就是在金融机构内拥有大量资产的有钱人，他们通常为企业家、优秀的创业者、企业高层管理人员或成功的投资人士。

这些高净值客户无疑是保险行业的大客户，如果能将高净值人群发展成自己的客户，保险销售员的业绩自然会得到很大的提升。

那么，在日常生活中，保险销售员到底该如何寻找高净值人群呢？我们不妨先给高净值人群画一张像。

一、行业新兴化

我国第一批高净值人群要追溯到改革开放时期，主要是以企业家为主的创一代，他们从事的大多为制造业、贸易业等传统行业，这部分人在高净值人群中占据了64%的比例。

而在21世纪，随着互联网、新媒体、TMT等新兴行业的诞生，很多人创造了一波波创富神话，这些人群在高净值人群中占据了36%的比例。未来随着互联网的发展，新兴行业的高净值人群还会越来越多。

二、年龄年轻化

从年龄上看，我国的高净值人群大多集中在40～60岁，这些人大部分为传统行业的退休人员。不过，随着时代的发展，现在的高净值人群有明显年轻化的趋势：39岁以下的高净值人群不断增加，年轻的富人越来越多。

三、生活方式自律化

与普通客户相比，高净值客户可以说是站在金字塔顶端的人群。那么，这些人的生活方式是怎样的呢？是否真的像影视剧中那样每天阳光沙滩、豪车美女、挥金如土呢？显然，现实生活中并非如此。

根据调查显示，高净值人群的生活非常自律，并且大部分高净值人群很善于学习。其中有12%的人每天工作12小时以上，40%的人每天工作6～8小时。

平时生活中，他们非常关注财经资讯和新闻，对经济非常敏感，并崇尚终生学习。另外，有将近80%的高净值人群对健康的关注和诉求越来越高，他们认为太过繁重的工作会影响自身健康，所以十分重视健康养生。

四、资产配置

高净值群体在资产配置方面，排在首位的是财富增值，其次是品质生活，最后才是风险隔离。其中，他们对消费升级、产业升级、经济转型等新经济十分感兴趣。

在国内的金融机构中，高净值人群首选的财富管理服务机构是商业银行和私人银行，其次是信托公司、证券公司和保险机构。这一现象说明，对于高净值人群来说，保险也是他们资金配置中比较重要的一部分。

无论是职业、年龄，还是生活方式、资产配置，每个高净值人士都有自己的特点。不过，高净值人群或多或少也存在着一些共性特征。

通常，高净值人群喜欢相互关注、相互学习和交流成功的经验；喜欢参加名流社会的聚会活动和具备高资产门槛的俱乐部活动。例如高端酒庄酒会、私人银行的客户答谢会、高尔夫球会等。

总的来说，高净值客户大多都是资金充裕人士，他们生活和交际的圈子与普通阶层的人有着很大的差别。他们的人脉关系、对物质生活的要求都与众不同。在大众眼中，他们就是"高攀不起"的对象。

既然高净值人群高高在上，为什么保险销售员还要去了解他们、接触他们呢？不想当将军的士兵不是好士兵，保险销售也是如此，不想接大单的保险销售员不是好销售员，而高净值人群就是大单的重要来源。

此外，保险不仅是规避风险的工具，还是高净值人群财富传承的工具。保险销售员如果能把握住高净值人群这些大客户，业务空间无疑会得到很大的提升。

现在我们已经知道了哪些人群属于高净值人群，接下来我们就一起来看看保险对高净值人群的作用，以便能快速接触高净值人群。

◎ 保险，高净值人群的财富传承工具

内容简析

> 对于高净值人群来说，如何保护好自己的财富并将其传承下去，是人生中最重要的事情。而在各种复杂的家庭关系、企业经营、家业不分等问题面前，大额保单是财富传承的有力工具之一。因为保险不仅可以规避税款、债务，还能规避很多复杂关系，让高净值人群的财富能够安全、稳妥地在受益人手中传承下去。

财富传承是一个世界性难题，很多高净值人士辛苦打拼得到一大笔净资产，却不一定有能力守住这笔财富。财富管理并不是一件简单的事情，没有相关的专业知识和经验，很难打理好这些辛苦赚到的财富，所以很多高净值人士都面临着财富传承的诸多难题。

不过，这些难题并非无解，保险就是一种很好的解决办法。香港首富李嘉诚富可敌国，他的财富甚至可以自己开家保险公司，但是他在财富管理上却选择了给自己买高额的人寿保险，这是因为李嘉诚认识到了保险既能让财富增值，又能很好地避税。

一、隔离风险

由于我国家庭关系复杂，家业不分、个人隐性负债等问题比较严重，所以我国的高净值人士在进行财富传承安排时，首先要将个人、家庭和企业等方面存在的风险分开来，为自己的资产建立一道防火墙。

比如创业者为了防止未来企业经营的负债和风险影响到家庭的财富安全，可以用保险为自己家庭的资产留几份保障。再如，高净值人士如果害怕子女的婚姻破裂后，自己的家族财富会流向子女的配偶，可以通过合法的方式保护子女的婚前财产。

二、打破"富不过三代"的魔咒

高净值人士在进行财富传承时，经常使用遗产继承方式分配自己的财富，这种方式最大的弊端就是财富全部一次性流向第二代后，极有可能出现二代"败家

子"风险。所以很多高净值人士，尤其是一些独生子女家庭，希望自己的财富能够分期给到第二代，并且可以为第三代甚至更后辈做出更长期的安排。

显然，大额保单能满足这些要求。比如客户想给自己的儿子留下部分财产，可以购买一份财富传家终身寿险，规定儿子只能在18岁时才开始拿钱，并且每年只能拿一部分，这样就可以有效避免二代挥霍财产，养成良好的财富习惯。另外，客户还可以跨越第二代，直接利用保险给第三代留下一笔财富。

三、规避婚姻风险

高净值人群经历了时代和财富的快速变化，其家庭关系很容易出现问题，由此引发的财富分配矛盾数不胜数。

目前，我国采取的是夫妻财产共同原则，离婚时所有属于夫妻共同财产范围的财产，一般都要进行均等分割。而离婚过程中的资产分割，往往会导致企业的发展出现不良情况。因此，高净值人士如果想降低婚姻给企业经营和财富带来的风险，就应当妥善处理好婚姻和家庭资产的关系。

而保单在婚姻资产保全中有着不可替代的作用，是规避婚姻风险的重要工具。比如高净值人士投保时，把保单受益人指定为自己的父母或子女，这样在发生婚姻风险时，这部分资产就不会被纳入夫妻共同财产而被分割掉。

四、辅助资产管理

财富所有者在世期间，其财富的所有权、控制权和收益权等权利都能受到本人的控制。但一旦发生意外事故，财富所有者的财富就会因为各种关系陷入争议之中。而保险具有避税作用和指定效益，除了受益人之外，任何人都不能得到这笔财富，所以它可以有效地减少财产分割的纠纷。

综合以上四大财富传承的优点，大额保单被高净值人群视为最可信赖的财富传承方式之一。高净值人群只要科学合理地规划自己的保单，不但能实现财富的安全、保本、增值和稳妥化传承，还能避免企业和家庭资产混同。在传给后代时，还可以降低财富传承税的负成本，同时打破"富不过三代"的魔咒，真正实现财富传承的意义。

对于家庭来说，财富传承非常重要，为了给家庭准备一份保障，让家人的生活更有安全感，高净值人群必须保护好自己的资产。在这个过程中，保险是高净值人群必不可少的财富传承工具。

◎ 锁定大客户，光有耐心还不够

内容简析

　　大客户与普通客户相比，有着很大的差别。比起普通客户在价格上的斤斤计较，大客户更在意保险公司的信任性、可靠性和安全性。因此，保险销售员除了要有耐心之外，还要善于与客户沟通，能够摸清客户的想法，进而用专业的服务和突出的产品优势，拿下大客户手中的大单。

进驻中高端市场，搞定大客户，是每个保险销售员梦寐以求的事情。根据二八定律，销售中 80% 的订单都是由 20% 的大客户带来的。大客户带来的大额保单具有行业标杆作用，因为大客户的理财能力、保险意识和缴费能力比普通客户强很多，保险销售员从中得到的回报也更多。

要搞定这些大客户，光有耐心是不够的。大客户与普通客户有很大的差别，他们在购买保险时，关心的不是产品的价格，而是保险公司的信任性、可靠性和安全性。

首先，大客户对产品各方面的要求都非常严格，要想取得大客户的信任，就必须拿出让客户信任的东西来；其次，大客户的风险意识比较强，如果保险销售员不够专业，客户是不会轻易将大笔资金交给你打理的；最后，大客户就是市场上的唐僧肉，每个人都想抢到，而大客户选择保险销售员的关键因素是可靠性，也就是你能够为客户提供更好的服务，客户才会更加信赖你。

基于以上条件，保险销售员要想锁定大客户，拿下大单，除了耐心等待和"死缠烂打"式销售之外，还可以使用以下五大实用招数。

第一招：有效沟通

很多保险销售员刚把产品资料送到客户手上，就会被客户用"你回去等消息吧，我需要的时候会和你联系的"这种话语打发走，如果保险销售员真的傻傻地等着客户主动打电话，最终肯定无果。

从事销售工作的基本条件就是和客户进行有效的沟通，因为客户的真实需求都是在有效沟通中获得的。保险销售员要做到这一点，就要不断找机会拜访大客户。

在拜访过程中，保险销售员需要做到以下几点：第一，了解客户对保险产品的准入门槛标准，保证你的产品有参与竞争的机会；第二，简单明了地表述出产品的优势和特点，能够给客户留下印象；第三，确认客户的真实需求信息，把握客户的购买心理。

第二招：摆正心态

大客户投保的保单金额往往比较大，成交的周期也比较长。所以与大客户接触应当先摆正心态，不要心急。与陌生的大客户打交道时，可以先交朋友后谈生意。这就要靠保险销售员的勤奋和诚意，不断接触和拜访客户，让客户逐渐记住、接受和信任你。

第三招：适当公关

当客户接受你的时候，就可以选择适当的时机进行公关了，以加深与客户之间的关系，从而获得更多的客户信息。

总的来说，公关的主要方式是投其所好。了解客户真正的爱好兴趣，不时送上一些小礼品效果会很好。值得注意的是，送礼的时机和方式都要有一定的安排，以保证公关达到预期的效果。

总之，保险销售员与客户的关系和人与人之间的感情一样，都是通过密切相处得来的。只有建立了稳固的客户关系，保险销售员签大单的成功率才能有保证。

第四招：打消疑虑

大客户往往是有身份、有地位的人，这些人在选择产品和服务方面格外谨慎。通常，他们的疑虑来自以下几个方面：产品效果、销售服务、公司实力、专业技术。

与大客户沟通时，最重要的是让客户相信你的产品和服务以及你的公司。这就要求保险销售员的专业技术过硬，有实力得到大客户的信任。

另外，保险销售员还要保证签单以后，客户日后的利益不会受到损害，这是大客户最关心的问题之一。

第五招：服务先行

保险业属于服务行业，只有将服务工作做好，才能获得足够的竞争优势。这里说的服务包括售前服务、售中服务和售后服务三个方面。

售前服务就是在客户心中建立一个初始印象，让客户对你的产品和服务产生好感；售中服务则是抓住客户的需求，让客户认可你的产品和服务；而售后服务中，保险销售员必须拿出售后服务的承诺和理念，让客户看到保险销售员和公司的信誉，并做出评价。

对于保险销售员来说，在整个销售过程中让服务先行，满足客户各个阶段的需求，才能收到事半功倍的效果。

最后，锁定大客户的最终目的就是成交，成功把产品卖给客户，进而获得业绩。因此，不管使用多少招数，获得大客户的认可和信赖，才是保险销售员的销售王道。

◎ 高净值客户，既要服务又要筹划

内容简析

高净值客户最关心的就是财富传承和资产配置，要想让保险成为他们的理财工具，保险销售员则应该在筹划资产上下功夫。只有把高净值客户的资产打理好，能够解决他们的后顾之忧，他们才能放心地把保费交给你。

随着高净值人群的增加，高净值人士对家族财富的配置和传承需求也越来越多。而保险已经成为高净值人群进行财富传承和资产配置的重要工具。不过，保险属于一个长期、复杂的金融工具，它的专业性和复杂性远远超过了营销技能的范畴。要想拿下高净值人群的保险单，保险销售员不但要做好服务，还要替高净值人群做好筹划。

高净值人群的收入比较稳定，通常能自己解决一般的风险，因此保险销售员要做的就是运用保险帮助客户规划已经创造的财富。

白女士有一个儿子和一个女儿，并且他们都已经成家了。白女士把大部分资产都转移到了儿子名下，而女儿由于嫁了一个普通人家，经济条件不是很宽裕。因此，白女士非常担心女儿未来的生活，很想给女儿留一笔钱。

但是，白女士不知道用什么方法才能确保这笔钱能够留在女儿手中，并且儿媳妇还不会因此心理不平衡。

白女士的保险代理人小李听说后，建议白女士买一份保险，然后把受益人指定为她的女儿。这样一来，等这份保险合同到期后，保险金肯定会转到她女儿手上。再者，白女士为自己买保险，儿子和儿媳肯定也不会有什么意见。

白女士听了小李的话非常高兴，立刻在小李手中购买了100万元的保险。白女士心里想着，她自己或许没办法保证女儿大富大贵，但是起码可以保证若干年后女儿可以衣食无忧。

高净值人群赚钱的目的就是更好地生活，而如果不提前规划，他们未来的生活品质就无法保证。而保险最大的功能就是把未来不确定的事情通过契约的方式确定下来，保险销售员要做的就是通过保险替高净值人群筹划好未来。

首先，规划的第一步是了解高净值人群面临的风险。一般来说，高净值人群面临的风险有以下几种：企业经营风险、投资风险、婚姻风险、养老风险、继承风险、子女教育风险等。

其次，保险销售员要具体分析高净值人群所需的保险险种。高净值人群购买保险时，通常比较青睐于高端医疗、年金险和大额的终身寿险。保险销售员在进行规划时，可以将这三个险种作为重点。

一、高端医疗

高净值人群通常工作十分繁忙，睡眠不足、饮食不规律是他们的常态，再加上巨大的工作压力，很多高净值人士都处于亚健康状态，身体存在着很多疾病隐患。

但传统的医疗保险和医疗设施很难满足高净值人群的医疗需求。高净值人群就诊时，最需要的是快速而高效的医疗支持，从而确保将疾病对家庭和工作的影响降到最低。

针对高净值人群对医疗方面的需求，保险销售员可以为客户筹划一款高端医疗保险。从目前来看，有一些国际医疗保险比较符合高净值人群的要求。这些保险专为高端人群设计，其保额很高，并且设备用药已经突破国家限制，还能满足高净值人群就医直付等多种需求。

具体来说，高端医疗保险有以下特点：不限定医疗服务；不区分医社保目录和非社保目录；不限定医院；直接赔付。简而言之，高端医疗是高净值人群的必备险种。

二、年金险

最富有的人不是赚钱最多或者最快的人，而是资金最充裕、最稳定的人。如果一个人能把自己的企业和财富传承给子子孙孙，保证后代有稳定持续的现金流，那么这个人的财富是很难消亡的。

在财富传承的过程中，年金类保险充当的就是现金流管理工具。年金类保险对于富一代来说实质上就是一种强制性储蓄，能给子女留下一笔不被风险所影响的财产。对于子女来说，年金类保险则是一种持续稳定现金的工具。

例如保险销售员小曹为一位 35 岁的全职妈妈设计了一款养老年金险，当作孩子的教育金。其具体的保险方案如下：

客户每年缴费 50 万元，交 5 年，孩子 60 岁时开始领取养老金。通过年金险的减保取现功能，客户的孩子未来一生都能得到保障。

第一，教育金和婚嫁金。孩子 18 岁后，每年可以领取 20 万元的大学教育金，领取 4 年；21 岁时，开始领取 40 万元的研究生教育金，领取 3 年；27 岁时，可以领取 50 万元的创业金或者婚嫁金。

第二，压岁钱和养老金。30 岁后，孩子的子女可以每年领取 10 万元，一直领取到大学毕业；60 岁后，每年可自动领取 24 万元作为养老金，领取到身故；孩子身故后，其子女可以一次性将剩余现金价值取出，还可以作为家庭的财富继续传承。

三、大额终身寿险

如今，在高净值人群中，终身寿险在资产配置中占据的地位越来越重要。与其他的财富管理工具相比，终身寿险不仅可以让现金得到增值，还是高净值人群的财富杠杆。对于收入较高且稳定、有储蓄和保障目的以及遗产规划的高净值人群来说，终身寿险是他们的不二之选。

30 岁的张先生是一名成功的商人，他考虑到经济大环境和子女的未来生活，想要通过保险来进行财富传承。不过，张先生生意资金占用的比例非常大，在这种情况下，张先生既想得到高额保障，同时又想获得收益，并且资金还能使用。

保险销售员小王针对张先生的情况，为他制定了一份终身寿险计划，其保额为 1000 万元，保费为 209 万元，首年现金价值为 95.3 万元。张先生看了小王的保险计划十分满意，当即签订了一份保险合同。

高净值人群更看重的是财富管理，怎样让自己赚的钱传承下去是他们最关心的问题。因此保险销售员在面对高净值人群时，应当多思考，用保险帮助他们规划好自己的财富。这样一来，高净值人群才会更加信赖保险销售员。

| 第十三章 | Chapter 13

大额保单，做好细节管理

◎ 为什么要追求大额保单

内容简析

　　普通人比较注重资产的增值，高净值人群更注重资产的保障，而大额保单就是高净值人群依赖的重要财富管理工具。面对企业风险、婚姻风险、继承风险等各种风险，大额保单显然能给高净值人群一份更加稳妥的保障。

　　香港首富李嘉诚曾经说过："我们李家每出生一个孩子，我就会给他购买一亿元的人寿保险，以此来确保我们李家世世代代，从出生开始就是亿万富翁。"李嘉诚每年都会购买几亿元的大额保单，他这么做的原因是什么呢？

　　大额保单是指投保金额比较大的人身保险单，大额保单的保险金额一般都会超过 100 万元。显然，李嘉诚购买的保单均属于大额保单。实际上，除了李嘉诚之外，很多高净值人士都热衷于购买大额保单。他们选择大额保单并不是单纯地想要炫富或者烧钱，而是基于他们的高额资产作出的合理规划。

　　对于高净值人士来说，他们一生中面临的风险远比普通人要多。企业经营风险、婚姻风险、继承风险等，都是令高净值人群忧心的问题。

首先，"打江山容易守江山难"，每个企业都面临着经营风险。在所有的企业中，能在大浪淘沙后成为百年字号的少之又少，甚至可以说是凤毛麟角。根据相关部门的统计，我国民营企业的平均寿命不到 5 年，这意味着在快速变化的市场上，极少有人能做到让企业中长期快速稳定发展。

其次，穷人总是烦恼没钱结婚，结婚后缺钱持家，而富人总是烦恼工作的事情都好说，但是家里的事情难交代。正所谓"家家有本难念的经"，更何况高净值家庭中婚姻变故、子女教育、遗产传承与分割等都是非常棘手的问题。解决不好，最终对簿公堂、家族四分五裂的案例比比皆是。

此外，由于各种原因，很多高净值人士都会选择移民海外，但这种做法的风险也不可小觑。比如移民前没有处理好境内财富，导致多缴纳很多税；便利的双重身份让继承变成了更复杂的事情；法律、税务和财产申报的差异等，这些都有可能影响到高净值人士的财产。

为了避免财产受损甚至破产的悲剧，以及保证在意外发生时有充足的资产保障，高净值人群采取了很多措施。最常见的就是将大部分资金投放到股票、债券等金融市场上，然而这些方式的风险性很高，当他们的家庭或者企业发生风险时，他们是很难通过这些金融投资及时筹到资金的。

因此，很多高净值人士为了解决投资的后顾之忧，将眼光放在了保险市场上，利用大额保单为自己的资产保驾护航。

台湾首富蔡万林生前的财产约为 2564 亿新台币，根据台湾现行的遗产税率来算，蔡万林逝世后，蔡家的后人要缴纳高达 500 亿新台币的遗产税。然而，蔡家后人实际上只缴纳了 1 亿新台币的遗产税。

这一切就归功于蔡万林的节税规划，他生前为自己购买了大额的人寿保险，因此最后顺利达到了规避遗产税以及合理转移财产的目的。

台湾经营之神王永庆的案例恰好相反。王永庆尽管生前家财万贯，但是去世后依旧没有逃过遗产税这一关。王永庆逝世后，根据台北市国税局的核定，王家后人缴纳了 100 多亿元的遗产税，这一数据创造了史上最高遗产税纪录。

如果王永庆能吸取蔡万林的前车之鉴，为自己购买几份大额保单，王家后人也不会因为这笔高额的遗产税伤透脑筋。由此看来，大额保单对高净值人群大有作用。

第一，大额保单是家庭支柱的保障。风险无处不在，高净值人士一旦发生人身意外，其家庭会瞬间丧失经济支柱以及高品质生活的基础。

通过购买大额保障型保险，可以保障高净值人士在丧失挣钱能力或者发生人身意外时，为自己和家人挽回损失、保全资产，从而保证家庭的生活质量。

第二，大额保单可以保证财产分割的合理性。人寿保险不仅可以指定多名受益人，同时还可以指定每个受益人的受益份额，所以它在一定程度上可以替代遗嘱。这样一来，即使被保险人骤然离世没有留下遗嘱，也可以通过人寿保单安排好受益人的顺序，以及确定每位受益人的受益份额，这在一定程度上避免了家庭内部的纷争。

第三，大额保单可以合理传承财富。如何将自己辛苦攒下的家业顺利传承给下一代，是高净值人士值得思考的问题。为了防止继承人挥霍无度的情况发生，高净值人士可以为"富二代"量身定制一份高额年金型保险，其保险金额由保险公司分期给付给后代，以此确保财富的顺利传承。

第四，利用大额保单应对人生各类风险。大额保单具有极高的保障额，保单一旦生效，可以立即成倍放大资产，进而代替人生的财富积累过程。比如被保险人可以指定每年提取一定金额的家庭资金，保证家庭拥有稳定的收入；提取保单价值或者保单贷款，可以解决企业所需的紧急现金流；巨额的人寿赔偿可以快速解决企业主过世对企业造成的严重影响等。

第五，大额保单具有避税避债功能。人寿保险属于人的生命资产，其受益人的权利大于债券，并且法律明确规定人寿保险的死亡赔偿金是不能被要求用来偿还债务的，所以人寿保险可以有效避债。另外，人寿保险的身故赔偿金免除税务也是国际上通行的惯例，这一规定可以有效缓解继承人缴纳巨额遗产税的困扰。

综上所述，大额保单是高净值人群重要的财务防守工具，这也是很多富豪热衷于大额保单的原因。对于高净值人群来说除了赚钱之外，如何保障这些钱不会流失更加重要。

◎ 大额保单都有什么

内容简析

　　"萝卜青菜，各有所爱"，想要轻松拿下高净值人士手中的大额保单，保险销售员还需要准确掌握每一类大额保单。这样在销售过程中，才能根据高净值人士的具体情况找出最适合他们的大单，最终达到自己的销售目的。

　　大部分高净值人士都选择利用大额保单来抵抗各种风险，不过买保险不像买白菜，需要全方位根据自己的实际情况考虑。销售保险也是如此，想要轻松拿下高净值人群手中的大额保单，保险销售员首先需要全面了解大额保单，掌握它的分类，这样才能逐个击破，拿下大单。

　　通过上一节的简单介绍，我们已经知道了大额保单的意义，实际上它就是一种为高净值人士准备的巨额保险，能在高净值人士出现危机时，提供巨额的保险金额帮助他们应对风险。

　　通常，大额保单分为五类，即年金类大额保单、储蓄分红类大额保单、万能寿险类大额保单、国内大额终身寿险保单和美国指数型万能寿险大额保单。

一、年金类大额保单

　　年金类大额保单是指保险人在被保险人生存期间，按照保险合同约定的金额和方式，定期向被保险人给付保险金的保险。目前，年金类大额保单是我国主要的大额保单险种，其发展比较成熟。

　　常见的年金类大额保单有两类：一类是保底年金保险，高净值人士可以每年拿到分红；另一类是固定年金保险，高净值人士可以获得万能储蓄账户。通常第二类保单的受益要比第一类高一些，同时其年金会自动进入万能账户进行投资，进而获取收益，并且被保险人可以自由领取年金收益。

　　与其他大额保单相比，年金类大额保单具有以下几个特点：

　　第一，缴费期限比较短。年金类大额保单的缴费期限一般为 3 年、5 年或 10 年，其中大部分保单的缴费期限为 3 ～ 5 年。

第二，大部分年金类大额保单没有风险保额。风险保额是指保单的基本保额减去现金价值后的保额，它是保险公司给付的保险金中，扣除保单持有人自己支付的资金外，保险公司承担的那一部分资金。简单来说，年金类大额保险的被保险人身故时，保险公司一般要给付本金和已获得的年金和分红。

第三，现金价值比较高。年金类大额保险的现金价值很高，其中趸交（一次性缴清保费）类产品的现金价值高达本金的 90% 以上。

第四，可以进行保单贷款。年金类大额保险一般支持保单贷款，其贷款比例通常为现金价值的 80% 到 90%。由于其贷款利息相对来说比较低，所以很多高净值人士经常利用大额保单进行资金融通。

第五，年金类大额保险一般有保底收益，其风险性比较低。

二、储蓄分红类大额保单

香港的大额保单一般为储蓄分红类大额保单，这类保单一般没有年金，但可以领取部分的分红和保单价值，当被保险人身故时，其受益人会获得本金加投资收益的身故保险金。

近年来，储蓄分红类大额保单在内地也受到很多高净值人士的追捧，其原因主要有两方面。

一是这类保单的现金价值增长比较高，前 3 年其现金价值通常会很低，但是到了第 4 年之后，其现金价值会成倍增长。到 10 年以上时，其账户价值就会变得非常高了。

二是这类保单的投资收益比较高，高净值人士能利用这类产品获得很高的投资收益。不过，这类产品的投资比例比股票要大，而且它没有保底收益，所以其风险性也不容小觑。

三、万能寿险类大额保单

万能寿险类大额保单通常是指保额在 100 万美元以上的大额保单，这类大额保单可以抵押给金融机构申请贷款，可以达到十几倍的杠杆效果。这类保单的持有人申请保单贷款后，可以从保单中提取现金价值作为流动资金，也就是说保单持有人利用小额资本就可以获得大额保险保障。

万能寿险类大额保单支取比较方便，在财富管理上为客户提供了更大的灵活性，因此在高净值人群中比较流行。很多高净值人士把万能寿险类大额保险当作自己的投资工具，以此来管理自己的家族资产。

四、国内大额终身寿险保单

国内大额终身寿险保单具有贷款速度快、利息低、效率高等特点，其资金融通性比较强。目前国内大额终身寿险的费率比较高，因此这类产品的销售效果相对比较差。不过随着高净值人士理财观念的增强，现在很多保险公司都开始推出大额终身寿险保单。

这类保单的缴费方式一般为期交，其前期保额的杠杆比较大。比如一位健康的中年男士购买一份1000万元的终身寿险，每年缴付保费40万元左右，缴付20年，那么这张保单第一年的杠杆可以高达25倍。

除了期交之外，大额终身寿险保单还可以趸交。在这种缴费方式下，其保单的现金价值比较高。如果高净值人士购买一份大额分红类终身寿险，这张保单首年的现金价值可以达到50%，10年后可以达到90%。

通常情况下，高净值人士如果持有一张高额的终身寿险保单，在遇到需要临时资金周转时，可以利用保单的现金价值进行贷款。现在保险市场上，有些大额保单最高贷款比例可以达到保单现金价值的80%。利用这笔钱，高净值人士可以减少资金周转困难带来的巨大损失。

五、美国指数型万能寿险大额保单

美国指数型万能寿险大额保单的大部分保费都投资于固定收益产品，投资这类保单可以保证客户100%会获得收益。

这类产品依附于美国十分成熟和发达的金融市场，因此其收益率能得到很大的保证。相比之下，我国的金融市场还有很大的发展空间，万能产品目前还达不到这类产品的收益水平。

保险销售员要做的是把最适合的产品卖给最适合的人，在销售过程中，保险销售员可以根据高净值人士的实际情况为他们逐步分析各类大额保单，从而帮他们找到最适合的产品。

◎ 用大额保单保全婚姻财产

内容简析

　　高净值人士的离婚往往牵扯着巨额的财产纠纷，相比于真爱无价的承诺，大额保单更能抵抗这些由婚变带来的财产流失。无论是高净值人士自身婚前和婚后的财产，还是高净值人士子女婚姻中的财产，都需要一份大额保单来保障其安全。只有这样，高净值人士才能避免离婚后自己身无分文的悲剧。

　　当今时代，某某顶级富豪或者大牌明星婚变引发财产大战的新闻屡见不鲜。高净值人士的婚姻状况一旦发生变化，其家庭和企业的财富往往会受到严重影响。在这种形势下，大额保单变成了高净值人士重要的财产保全工具。

　　比如新时代下父母为女儿准备的嫁妆不再是丰厚的现金或贵重的房产、珠宝，而是一份薄薄的大额保单；21世纪的高净值人士对婚姻财产越来越重视，往往习惯在婚前为自己购买足够的大额保单。

　　为何高净值人士在婚姻中越来越青睐大额保单？他们是如何利用大额保单有效保全自己和子女在婚姻中的财产的呢？

一、配置婚前资产

　　从法律的角度来讲，婚姻其实是一种法律关系，而夫妻的财产在法律中也有关系。比如夫妻婚前财产和婚后财产的归属、管理、收益或债务清偿等，这些关系导致夫妻二人的财产在很多时候都很难分清。一些高净值人士就是因为婚前财产、婚后财产分不清楚，陷入了无休无止的婚姻官司之中，最终自己的财产被别人瓜分。

　　基于这种情况，现在很多高净值人士都会在结婚前签订婚前财产协议，或者通过信托的方式对婚前财产和婚后财产进行有效的保护。比如传媒大亨默多克就是在婚前协议和家族信托的保护下，离婚时成功保全了对新闻集团的控制和经营。

　　除了婚前协议和信托之外，还有一种大家更为熟悉的婚姻资产保全方式，那就是大额保单。根据相关的法律规定，保险理赔金具有很强的人身属性，属于一方的个人财产。婚前个人投保的意外险、健康险等，以及婚后的保险金、身故保险金和死亡保险金等，均属于个人财产。因此，用大额保单来配置婚前资产是一种稳妥的财产保全方式。

值得注意的是，婚前购买的保单如果未付清保费，婚后则继续由夫妻双方的共同财产缴纳保费，在这种情况下，婚后部分的保单现金价值则属于夫妻共同财产，需要分割。所以为了保护个人的婚前财产，高净值人士最好在婚前一次性缴清大额保单的保费，防止以后发生纠纷。

二、防范婚后财产流失

对于拥有高额婚前财产的高净值人士来说，婚后财产的保全措施更为重要。因为高净值人士在婚后创造的收益和价值往往比婚前财产还要多，所以结婚后，高净值人士还需要在婚后财产中做更多的功课。

相关法律规定，婚后夫妻双方的工资、奖金、生产经营收益和投资收益等，均属于夫妻的共同财产。而很多高净值人士都是整个家族的主要经济来源，他们婚后的生产经营收益和投资收益都是非常高的。

如果这些高净值人士在婚姻中没有做好财产保全，那么一旦离婚，他们50%的财产都会被分走，这对于高净值人士及其家庭来说，是一笔巨大的财产流失。

想要防范婚后财产流失，高净值人士在婚后同样可以用保险来保全自己的财产。

根据最高人民法院发布的《第八次全国法院民事商事审判工作会议（民事部分）纪要》第5条规定，婚姻关系存续期间，夫妻一方作为被保险人依据意外伤害保险合同、健康保险合同获得的具有人身性质的保险金，或者夫妻一方作为受益人依据以死亡为给付条件的人寿保险合同获得的保险金，宜认定为个人财产。

这表明，如果婚后是第三方投保，夫妻中的一方为被保险人，那么保单的现金价值就是第三人的财产，夫妻双方均不能分割。比如婚后高净值人士为自己的子女投保，子女离婚时保单的现金价值就属于投保本人，不会被分割。

总而言之，高净值人士既要在婚前对自己的资产进行配置，又要在婚后通过保险对自己的财产进行细致规划。高净值人士在婚后要全面考虑各种风险发生的可能性，并根据自己的定位需求选择合适的大额保单，从而最大限度地保护自己和挚爱之人的利益。

三、加强子女财产的安全性

高净值人士除了自己存在因为婚变造成的资产流失风险之外，其子女也面临着同样的风险，并且其风险更难以控制。其一，高净值人士对子女婚前婚后都会提供大量的资金支持；其二，现代社会中二代的离婚率居高不下。这两方面的原因很容易导致一种严重后果，即子女的婚姻一旦失败，其财产以及高净值人士的财产，甚至于整个家族和企业的财富都有可能流失。

如何有效避免子女婚姻风险对高净值人士的财产带来一连串流失效应呢？在现代社会的高净值人群中，流行这样一种新型嫁妆——大额保单。第一，在子女结婚前，高净值人士可以以子女的名义投保大额保险，从而保证子女离婚时其保单价值不会被分割；第二，高净值人士可以为子女投保意外险、健康险，这样子女结婚后获得的保险金依旧是子女的个人财产；第三，高净值人士可以以自己为被保险人，以子女为受益人购买终身寿险或者定期寿险产品，这样其身故保险金和死亡保险金均属于子女的个人财产。

通过以上方式，高净值人士就能轻松利用大额保单隔离子女的婚姻风险，为子女的未来生活增加一份保障。

中国当代著名经济学家马寅初曾经说过："保单到期时，可以发展事业，维持生活，比起那些珠宝之物实在强得多。"有保障理念的保全才是永恒的保全，高净值人士保全财产的最佳方式就是用大额保单规划自己的婚姻资产。

◎ 用大额保单做家族财富传承规划

内容简析

　　高净值人群的财富风险日益增多，其财富传承变成亟待解决的问题。从一定程度上讲，大额保单能够根据实际情况给予高净值人士一生保障，并达到双重杠杆和三重收益的效果，最大化地实现高净值人士财富传承的意愿，因此是高净值人士做家族财富传承规划不可或缺的利器之一。

　　根据相关数据显示，亚洲亿万富豪的产生速度越来越快，其中很多富豪来自中国。这些富豪现在大多已经到了退休年龄。对于他们来说，最大的难题就是财富传承问题。

　　一方面他们很希望后代可以延续家族事业，另一方面他们又担心后代没有管理财富的能力，甚至会变成纨绔子弟。面对"富不过三代"的魔咒，富豪们的事业和家族财富传承问题亟待解决。

　　对于高净值人群来说，遗嘱一定程度上能解决遗产分配问题，但是遗嘱继承的程序比较烦琐。另外，在遗产继承的过程中，一旦其他法定继承人持有不同意见，那么想实现继承就只能对簿公堂。现实中，因为遗产分割产生的经济纠纷数不胜数。

　　那么，如何保证高净值人群能把自己的财富如己所愿地传承下去呢？从财富传承的角度来讲，大额保单能让财富传承更有保障。

　　高净值人群购买大额保单后，只要指定受益人，这笔巨额的保险金就不会被作为遗产。在领取时，受益人不需要其他继承人的配合，只需要在保险公司出示身份证和死亡证明，就可以拿到这笔保险金，这样传承人的财富传承意愿就可以准确地得到实现。

　　具体来说，高净值人群利用大额保单进行财富传承的方式有三种。

　　第一，高净值人士作为保单的投保人，按照自己的意愿设置保单，从而掌握保险财产的绝对权力。在保障的过程中，高净值人士可以随时撤销合同，提取保险金的现金价值，或者可以与被保险人一起，随时更改保险受益人。

　　高净值人士王先生和妻子育有一子，但是其子从小被娇生惯养，不懂得经营企业，只知道败家享乐。这时，王先生就可以为自己购买一份大额人寿保险，并按照自己的意愿设置保单。

　　在保障期间内，如果王先生发现儿子不孝或者挥霍败家，就可以通过变更受益人的方式保全家族财富。直到其子做出让王先生满意的改变后，王先生再重新购买保单或者重新将受益人变成其子，从而实现对家族财富的控制。

　　第二，高净值人士为子女购买大额保险，或者将大额保险的受益人指定为其子女。这种方式可以防止子女在离婚时，保单被其他人分割，从而有效避免子女的婚姻变化对家族财富产生不良影响，保证自己的财富可以一直归自己保管。

　　孙女士有一儿一女，并且都已经结婚组建家庭。孙女士担心女儿未来的生活没有保障，想为其留一份财富，但又怕女儿的丈夫会侵吞这笔财富，并且担忧儿子和儿媳会因此心生芥蒂。

　　这种情况下，孙女士就可以为女儿购买一份大额保单，从而保障女儿的未来生活。这种做法不仅能保障女儿今后的生活品质，还能让女儿体会到孙女士的良苦用心，而且还不会让儿子和儿媳多心，这样就可以满足孙女士将财富传承给女儿的意愿了。

　　第三，高净值人士为子女购买大额的年金保险，或者将大额年金保单的受益人指定为其子女。大额年金保险具有避债功能，可以有效应对子女未来可能面临的债务问题。若子女欠债，这份大额年金保险并不属于子女的财产，可以避免债权人的追偿，高净值人士依然能享受资产的掌控权。

　　综合以上三种方式可以看出，大额保单除了可以保障被保险人免遭意外风险的侵袭，还能根据实际情况起到财富传承的作用，而且在财富传承的过程中，大额保单能收到双重杠杆、三重收益的效果。

　　首先，双重杠杆是指保额杠杆和保费杠杆。其一，部分保险市场上的大额寿险保单的保额通常为保费的 3 ～ 5 倍，也就是其保额杠杆高达 3 ～ 5 倍，这意味着一张保费 100 万元的寿险保单，其保额可以达到 300 万元到 500 万元。其二，部分保险市场上的大额保单的现金价值非常高。目前，保险市场上有很多大额保单贷款率很高，部分保单的最高贷款额可以达到现金价值的 90%。高净值人士实际投入保费 20 万元左右的保单，在保单杠杆作用下，很有可能获得一张 100 万的保单，其保险杠杆高达 5 倍。

其次，三重收益是指保单红利、投资利差和汇差获利。大额保单的保单红利约为年化 3.9%；利用大额保单的现价贷款进行海外债券等各类海外投资，其投资收益平均可以达到 5%；大额保单还会因为汇率的波动而获利。

另外，大额保单具有很高的保密性，除了投保人、被保险人和受益人之外，其他人无权查看保单内容，所以一份大额保单就是一份高净值人士装进密码箱的爱。利用大额保单提前为家人规划好安全可靠的财富传承方案，就是为家人的未来生活提供一份永久的保障。

通过大额保单对财富传承进行规划，不仅能免去遗产纠纷的烦恼，还能提高财富的价值，从而让高净值人士的家族财富传承愿望得到最大化的实现，因此可以说，大额保单是现代高净值人士进行家族财富传承的最有力工具。

◎ 大额保单的债务隔离与误区

内容简析

大额保单在债务纠纷中，能隔离法院强制执行、代位求偿和父债子偿三方面的债务，从而保全高净值人士的财富，是高净值人士隔离债务的不二之选。但在购买大额保单的过程中，高净值人士很容易走进两个误区，保险销售员要做的就是帮助高净值人士正确认识大额保单，从而最大限度地达到高净值人士的保险意愿。

相关调查数据显示，大部分高净值人士购买大额保单的目的是财富保全。其主要原因为高净值人士的资产越高，其债务风险也越高。商场沉浮，再高的财富大厦都有可能在一夜之间轰然倒塌。

例如某地首富钱先生的生意做得很大，前几年他为了突破发展，打算融资进入海外市场。于是，他以家人的名义从银行和民间贷了很多资金。不料，他在进军海外市场时受阻，自己和家人因此背负了巨额债务。一时之间，钱先生的企业和家庭财产全部被查封冻结。最终，钱先生跑到海外，不久后客死他乡。

现实生活中，很多企业家都和钱先生一样，分不清企业和家庭的财产，总是拆了东墙补西墙。等到企业面临危机之时，在顷刻间失去企业和家庭所有财产。这一案例告诉我们，在经营企业和家庭的财产时，最重要的就是做好债务隔离。

债务隔离并非在债务发生后，采用一些方式恶意逃避债务，而是在风险发生前对财产进行防控。这章所讲的大额保单就能有效实现债务隔离，保护家庭的财富安全。

具体来讲，大额保单可以实现三方面的债务隔离：一是隔离法院强制执行，二是隔离代位求偿，三是隔离父债子偿。

一、大额保单隔离法院强制执行

根据《保险法》的规定，人寿保险合同中，以被保险人的身体健康或疾病为投保内容的保险，比如终身寿险合同、重大疾病保险合同等，均属于人寿保险范畴，法院强制执行这些保单会危害到被保险人的生存权益。因此，当法院强制执行被保险人偿还债务时，这些保单不能被纳入强制执行的范围内。

也就是说，高净值人士使用合法资产购买的大额保单具有隔离债务的作用。当高净值人士的企业或家庭出现危机，身负债务时，人民法院不得违法强制解除保险合同或执行保单退保后的现金价值。

王先生因为生意失败，企业和家庭财产全部被查封冻结，王家人的生活一下从风光无限跌入低谷。就在全家人为未来生活一筹莫展之时，一份保单给了全家人希望。

原来，早在15年前，王先生在女儿结婚前，用自己的合法收入以女儿为投保人和受益人购买了一份1000万元的年金保险。由于这份保险属于合法赠予，具有法律效力，法院不能将这张保单查封。于是，王先生的女儿就依靠这张保单，每年领取保险公司的分红和年金，从而保障了一家老小的基本生活。

二、大额保单隔离代位求偿

代位追偿权是指债务人不偿还债务时，债权人可以依法向人民法院请求，以自己的名义代位行使债务人的债权。比如小王欠甲100万元，乙欠小王100万元。如果小王不还钱，甲就可以直接去告乙，让乙偿还100万元。

但是，如果乙是一家保险公司，小王投保了一份大额年金保险，那么甲就不能去法院告乙保险公司，不能用乙每年给小王的100万元年金偿还自己的钱，因为大额保单可以隔离代位求偿。

根据《合同法》的规定，因债务人怠于行使其到期债权，对债权人造成损害的，债权人可以向人民法院请求以自己的名义代位行使债务人的债权，但该债权属于债务人自身的除外。大额保单属于保单持有人自身的债务，所以它能轻松隔离债权人的代位求偿。

三、大额保单隔离父债子偿

按照法律规定，父亲和子女是互相独立的法律主体，子女不用偿还父亲的债务。但如果父亲去世，那么继承遗产的子女首先需要将遗产偿还债务，剩余部分才能为自己所有。这种情况下，很有可能子女在偿还债务后，继承的遗产已经所剩无几，甚至一分不剩。

不过，要想避免这种情况也不是没有办法，大额保单就是用来隔离父债子偿的最佳工具。因为根据《保险法》的规定，人身保险合同中如果指定受益人的，被保险人死亡后，保险公司赔付的保险金不属于遗产，应当作为受益人自身的财产，及时给付受益人。

这一条款意味着，只要父亲在生前购买的保单中将子女指定为受益人，那么父亲死后，子女可以依法拿到这笔保险金，不需要用这笔保险金偿还债务，这就是大额保单隔离父债子偿的作用。

虽然大额保单有诸多好处，但投保并不是投资，所以在销售保险时，保险销售员还要帮助客户走出以下大额保单的两大误区。

第一，保险的功能是投资理财。大额保单最重要的作用是保障风险，而不是发财。家庭的财富配置就像一座金字塔，保障功能最强的应该放在底部，收益高、风险大的则应该放在顶层。因为对于家庭来说，首先考虑的问题应该是分担风险和给予保障，再者才是投资、理财。

很多高净值人士在购买大额保单时，看重的往往是大额保单的投资收益和抵押融资功能，而经常忽略大额保单的保障功能。

第二，买大额保险和去超市购买商品一样简单。保单的选择是一个技术活儿，不同的家庭和个人需要的保险险种大不相同。比如年金险更适合用于子女教育和养老；终身寿险更适合用于财富传承、债务隔离；重疾险更适合用于预防疾病等。

其次，在大额保单中，投保人、年金受益人、身故受益人的选择与投保人的利益息息相关，稍有不慎就可能导致客户的巨额资产落入他人之手。所以保险销售员在推销大单时，千万不能因为客户的大意，把大单当作一件简单的事情而潦草收场。正确的做法是，根据客户自身和家庭的实际情况，为客户量身定制合适的大额保单，以确保达到客户的保险意愿。

附录

场景训练

我没兴趣

保险销售员在介绍自己或者保险产品时，听到最多的回应就是"我没兴趣"。很多保险销售员在遇到这种情况时，要么选择悻悻地走开，要么选择无视客户的反应，继续口若悬河地讲述。

然而，面对这两种做法，几乎所有的客户都不会买账，最终的结果就是"乘兴而来，败兴而归"。那么，想要让客户留步，认真听你说下去，应该如何应对呢？

正确回应：我很理解您，对不了解的事物不感兴趣很正常。我们公司大部分的客户都和您一样，刚开始对保险都没有兴趣。不过，后来他们听过介绍，了解了保险带给他们和家人各方面的好处后都有了很大的转变。所以，您可以听我简单介绍一下，只要 2 分钟就可以，不会耽误您太长时间的。

通常，客户说"我没兴趣"时有两种情况：一种是礼貌拒绝，即并不想了解保险产品，只是借"我没兴趣"作为托词；一种是真正拒绝，即已经购买保险，或者对保险有所误解，所以从心里排斥保险。

保险销售员在销售保险时，无论遇到哪种情况都不要灰心，因为只要能够用合理的话术技巧，并加以吸引介绍，多半客户都会选择继续了解的。总之，对于"我没兴趣"的回答，保险销售员要坚持继续沟通，尝试着挖掘出对方的兴趣。

一般来说，回应"我没兴趣"时，可以从以下两方面入手：

第一，对客户的没兴趣表示理解。客户说没兴趣肯定是因为他不了解或者不需要，不过现在不需要不代表以后不需要。保险销售员就是因为知道客户不感兴趣，才要进一步介绍。

第二，旁敲侧击。从别的话题入手，以对方的利益为切入点，比如将风险防范作为谈话的切入口。

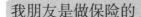

情景 2

我朋友是做保险的

很多保险销售员在客户说出"我朋友是做保险的"这一回答之后，都会变得手足无措，甚至有一部分还会心里打鼓，想着"这下完了，有可靠的朋友我哪还能插上嘴"，然后垂头丧气地挂掉电话。

其实，客户有做保险的朋友并不可怕，可怕的是你没有足够的信心与这些"朋友"交战。保险销售是一份买卖，亲兄弟之间尚要明算账，买卖之中又何须在乎人情呢？只要说对话，你的买卖不一定比"朋友"的买卖差。

正确回应：是吗？那真是太好了，那您肯定对保险有一定的了解；您已经在朋友那里买了保险了吗？如果买了的话您更要听听我们的产品了。鸡蛋不要放在同一个篮子里，货比三家，您可以多做了解啊。

当保险销售员被客户以"我朋友是做保险的"拒绝时，千万不要轻易挂掉电话，消极对待。这时，你可以采用以下策略进行应对。

一是询问客户"您朋友向您介绍过保险吗"。如果客户回答是的，你就可以说"那太好了，那您一定对保险有所了解，不知道您朋友在哪家公司？"然后就此展开话题，将客户引导到自家产品上去。

二是询问客户"您已经在朋友那里买了保险了吗"。如果客户回应是的，你就可以表示"货比三家，了解一下又不吃亏"。如果客户回答没有，你就可以继续询问原因。

三是另辟蹊径，扩大客户的利益。因为熟人有熟人的好处，也有其缺点。很多人在朋友那儿买保险时，碍于情面有很多东西都不好意思表达。因此，反而是陌生的保险销售员更好说话，更能为客户提供高质量的服务。

我没钱买保险

现如今，很多人都背负着沉重的房贷和车贷，这些必需性的支出导致很多人的经济状况受到很大的影响。因此，很多保险销售员都遇到过客户以"没钱买保险"为由拒绝买保险。

遇到这种情况时，如果你被客户的经济困难所支配，听客户喋喋不休地抱怨生活那就大错特错了。这样一来，你很容易陷入客户的经济难题中，最终无可奈何地放弃你的销售计划。

其实客户能在保险销售员面前坦诚相告，表明客户是认可保险的，只不过现在资金有困难而已。这时，只要巧妙应对，仍然可以签订保单。

正确回应：俗话说"铁杵磨成针"，日积月累是非常厉害的一件事。就像这个保险合算下来也就每天二十几块钱，对于您来说也就是一顿饭的事儿。如果您现在每天节省二十几块钱，15 年后得到的可是 50 万元的保障。

在销售过程中，当客户透露出购买欲望，但是因为现实中的经济困难搁浅时，保险销售员一定要紧紧抓住难得的机会，及时引导客户。

交谈时，要注意下面两个技巧：

第一，平摊支出。介绍保费的时候适当地学会化整为零，把一笔庞大的支出平均到每一天，让客户有个更加明确的比较对象。

第二，不要轻易改变保险计划。临时改变计划，只会让客户怀疑你的专业能力，质疑你的立场，甚至会让客户觉得你打算把不必要的险种卖给他。因此，保险销售员应该事先根据客户的经济水平制订合理的保险计划，以此来让客户安心。

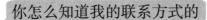

情景 4

你怎么知道我的联系方式的

保险销售员获得的客户号码通常是从某些数据库中得到的，或者是保险公司从自己的客户信息来源渠道获取的，总之客户号码的获取方式一般都不方便直接说出。

那么，当客户针对这一点提出"你怎么知道我的联系方式的"的质疑时，保险销售员应该如何应对呢？如果你这时说一句"我们自有我们的办法"，相信客户不是痛骂你一场，就是怒气冲冲地挂掉电话。

要想消除客户的疑惑，取得客户的信任，不妨换一种思路，试着用以下回答来应对。

正确回应：这个问题我稍后回答您。我们现在有一款每天只需 40 元就可以获得 50 万元保障的保险产品，我可以向您简单介绍一下吗？是您朋友帮忙介绍的；我们公司做过很多地推活动，可能在活动中您填过我们的调查问卷，因此留下了您的联系方式。

陌生人知道自己的联系方式，代表着个人信息泄露，因此很多戒备心很重的客户非常在意联系方式的来源。遇到这种情况，保险销售员必须准备一套正确的回应，以备不时之需。

具体来说，在回答这个敏感问题时，保险销售员可以从以下三个方面入手：

第一，回避问题。保险销售员可以先忽略这个问题，直接表明带给客户的利益，比如大家都想拥有的健康、金钱、安全感等，从而转移客户的注意力。

第二，利用第三方。保险销售员可以借助客户朋友、其他公司等第三方的影响，突出公司的声望能力，进而让客户信服。

第三，巧用市场调研。但凡做销售的几乎都做过调研或地推活动，因此利用这些活动引导客户，是客户主动留下号码的，客户就不会过多纠缠了。

情景 5

我没时间

无论是电话约访，还是直接拜访，都会遇到被客户拒绝的情况，遇到客户用"我没空""我没时间"等理由拒绝，更是司空见惯的事情。作为一名优秀的保险销售员，当遇到客户这种借口拒绝时，应该如何应对呢？

这种时候，如果用"我理解您的时间有限，我只占用您 3 分钟时间，很快就讲完"这样的话术来应对，那客户一定会立即回一句"3 分钟也没有，不好意思！"

在与客户沟通时，保险销售员既要照顾到客户的感受，又要高效完成产品推销工作。想要兼顾好这两方面，上面的问题应该这样回答。

正确回应：我理解您的时间宝贵，但这件事关乎您的切身利益。我们这次活动名额有限，公司规定与每位客户沟通的时间只有 3 分钟，您愿意听我为您介绍一下吗？

在使用上述话术回应客户时，保险销售员要注意以下几点：

第一，保证在客户拒绝沟通前，说完这段话术，字数要精，语速要快。

第二，设定沟通时间，给客户制造预期，争取继续沟通的机会。

第三，既要强调客户时间宝贵，又要强调活动紧迫，与客户切身利益息息相关。

需要注意的是，如果客户仍然以"没时间""在开会"等理由拒绝，保险销售员就不要再过多纠缠了。可以回应"那好，打扰您了，我们以后再联系"，争取下次继续沟通的机会。

情景 6

我没这方面的需求

"我没这方面的需求""我不需要""就算没保险我也照样活着"等拒绝话术，几乎是保险客户的家常便饭。很多客户都自称没有保险需求，并且认为即使没有保险做保障，他们的日子照样非常滋润。

面对这种类型的客户，保险销售员又该如何处理呢？如果死皮赖脸地继续纠缠，恐怕只会让客户更加反感；如果委屈巴巴地潦草收场，大多保险销售员又会觉得不甘心。

其实解决这种情况并不难，下面就教大家一些正确的处理方式。

正确回应：您是否需要保险我不敢确定，但我想您肯定需要钱，并且您还需要让自己的钱有所保障，我说的对吧？其实保险就是在您困难的时候，及时给您提供钱和保障的。

有些家庭条件比较好的客户，认为自己拥有足够的物质基础，能轻松抵御未知的风险，所以认为自己根本不需要保险。面对这些客户，可以从以下角度来说服。

第一，人生无常，风险无处不在。不管有钱没钱，所有人都面临着风险，甚至有钱人面临的风险比普通人还要多。一旦有钱人遇到意外情况，他们的损失会更严重。因此，遇到突发事件时，只有保险能够帮助他们渡过难关。

第二，有钱人的资产不仅需要增值，还需要保护。经济实力雄厚的人经常通过股票、债券、期货等多种投资方式让自己的资产增值。不过，这些投资活动往往需要巨额的资产作为基础。保险能为客户保留部分财产，从而解决客户的后顾之忧。

情景 7

我还年轻，要保险干什么

　　走一步说一步，车到山前必有路。这是现在很多年轻人的生活状态。因此当保险销售员找上门时，这些年轻人常常以"我还年轻，要保险干什么"为由把保险销售员拒之门外。

　　这时，保险销售员如果义愤填膺地回一句"年轻也会出意外呀，风险往往会自动找上门来，所以您最好为明天做好准备呀！"这些年轻气盛的客户很可能会怒火冲天地骂你一顿。

　　针对年轻人群，保险销售员要想提高他们的风险意识和保障意识，得到他们的认可，可以这样回应他们。

　　正确回应：路上的车不管高低贵贱，都需要装满油，带上备用胎，人也是如此。今天多几分钟的准备，明天就能少几个小时的麻烦。运气不会常常有，但准备却可以慢慢积累，这样我们才能得到理想的结果。

　　年轻人大多对未来抱着且走且看的想法，他们总认为保险是老人或者有钱人的事情。针对这样的人群，保险销售员可以从以下两方面入手：

　　一是从现实出发，用事实和逻辑推导未来的必然结果，从而让客户认识到自己在现实生活中需要承担的责任和可能面临的风险，最终唤醒他们的保险意识。

　　二是从年轻人保费低的角度入手，让客户明白保险越早买越好。另外，对于年轻人来说，花很少的钱就可以获得很高的保障，所以保险是一种非常划算的投资理财方式。

　　在说服客户的过程中，保险销售员还要注意谨慎组织语言，一些错误的话语千万不要说。比如"别看您现在年轻挣得多，老了之后没有收入怎么办""年轻人一定要有忧患意识，防患于未然"等，这些话语很容易起到反作用。

情景 8

我要和家人商量一下

在推销过程中，保险销售员肯定遇到过这种情况：自己认真地介绍了一大堆产品的功能，到头来客户却用一句"我要和家人商量一下"敷衍了之。这种情况，确实让人很郁闷。

这时，如果你用类似"这还用商量吗？您是家里的男人，连这点钱都需要报备，也太没有男子气概了吧"这种话语刺激客户，客户肯定二话不说把你赶出门。

优秀的保险销售员面对客户这样的拒绝，都会选择沉着冷静，理智地找到应对的策略。通常情况下，他们会这样回应客户。

正确回应：看得出来您很有责任心。不过我想请教您一个问题，您在工作中遇到一些技术性难题一般都会向谁请教呢？相信您的答案肯定是专家。同样的道理，现在有一个专业的保险人员在您眼前，您不问他，反而去劳烦不了解保险的太太，这种做法是不是有些不妥呀！

对家庭而言，一份保险的保费支出虽然影响不到整个家庭的生活质量，但是毕竟是家庭支出的一部分，所以客户选择征求家人的意见很正常。关键问题是，保险销售员要明确客户的真正意思。

客户如果是对保险计划存疑，保险销售员切不可轻易放走客户，以免客户一去不复返。正确的做法是，仔细询问客户的意见，消除客户对产品的疑虑，增加客户的信任感。

客户如果真的是要与家人商量，并且其态度特别坚决，保险销售员切不可过多纠缠。这时应当主动约好时间和地点，创造第二次拜访的机会。

情景9

我怎么没听过你们公司

在一些名气不大的保险公司上班的保险销售员，经常遇到有些客户质疑他们保险公司的实力，甚至仅仅因为没有听说过该公司，就轻易地将保单丢弃。面对这种情况，保险销售员应该如何处理呢？

不太成熟的保险销售员可能会这样回应："名气大的公司也不一定好，我们公司在某些方面比那些有名的公司好很多倍。"然而，这种回应不仅不会让客户心生好感，还会认为你是经常在背后说别人坏话的小人，进而选择远离你。

要想为公司争得好名声，同时让客户相信你，可以尝试使用以下话术进行回应。

正确回应：保险公司与其他企业不同，一家保险公司的成立和运营都是在国家银保监会的严格监管下进行的，由国家为人民把关，您觉得这样的公司还不值得信任吗？

客户质疑公司情况在销售过程中非常常见，保险销售员在回答这类问题时，一定要注意循序渐进，不卑不亢地解答客户的疑问。

首先，在客观问题上，保险销售员要清楚地叙述保险法的规定和保险行业的申请资质，并适当突出公司的优势，消除客户对公司的偏见。

其次，保险销售员在向客户解释时，要注意语言清晰明了，不能模棱两可、含糊不清，否则很容易给客户留下不专业、不靠谱的印象。

情景 10

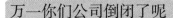

万一你们公司倒闭了呢

客户最担心的是保险公司的赔偿能力，所以很多客户在购买保险时，都会问"万一你们公司倒闭了，我该怎么办"这种问题。

面对这种情况，保险销售员如果先慌了阵脚，敷衍客户，笑呵呵地对客户说："没关系，我们公司一般不会倒闭。"肯定会增加客户的恐惧感，让他们惴惴不安，进而放弃你的产品。

要想让客户转变消极质疑的心态，并且化被动为主动，积极了解保险产品，促使保单成功，保险销售员可以选择以下回应方式。

正确回应：××先生/女士，您问的正好是我们保险业最保险的一个部分，那就是国家规定保险公司是不允许倒闭的。就算公司被迫倒闭了，您的利益也不会受到损害。所以您不必纠结这个问题，您应该把重心放在产品上。保险合同上是怎么说的，我们就会怎么赔付。

当回答客户一些行业规范性的问题时，保险销售员一定要传达到位，让每位客户都能认识到法律的规范性和不可侵犯性。

同时，保险销售员还要不断提升自己的职业素养，熟记一些行业内的文明规范和法律条令，以便更好地为客户提供服务。比如保险销售员应当熟练掌握《保险法》中的重要内容，定期补充一些社会医疗的基本常识。只有这样，才能保证为客户提供最专业的服务。

情景 11

代理人不干了我找谁

保险销售是一个员工流动性比较大的行业，保险代理人随时都有可能辞职不干了。面对这种情况，很多客户都会因为代理人的辞职产生恐慌，不知道怎么办，所以他们常常会提出"代理人不干了我找谁"的质疑。

这时候如果保险销售员回复客户："您就放心吧，我是不可能离职的，您购买我的保险，我一定有始有终，绝对不会辜负您的期待。"客户一听就会觉得太假，肯定不会继续和你深入交谈。

正确回应：××先生/女士，我是因为保险才和保险业结缘的，我深知保险的重要性，目前我没有离开这里的打算，我认为这份工作很有价值。再者，如果真有辞职的那一天，您也不用慌。因为您签订的合同是由保险公司承担责任的，保险代理人只起到牵线搭桥的作用。所以不管代理人去向如何，您的利益是不会受到损害的。

客户担心代理人走了自己的保单会下落不明，说明保险销售员的信任服务没有做好。因此，出现这种情况后，保险销售员应该及时联系客户，进行有效沟通，进一步强化与客户之间的关系，消除客户的顾虑。

另外，保险销售员还需要注意以下两点：一是当客户对保险公司产生信任危机时，可通过保险合同的有效性和保险公司的专业性来说服客户；二是要避免讲假大空的话，以免影响自己和公司的信誉。

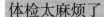

情景 12

体检太麻烦了

中国人很少有体检的习惯,这就导致有时候保险销售员好不容易拿下了一单,结果客户听说还要体检核保就不乐意了。这些客户认为体检太麻烦了,万一再查出来什么病,保险买不成不说,自己心里还会不好受。

有些保险销售员在面对这些异议的时候,会特别强硬地告诉客户:"您如果不体检,就得交双倍的保费。只有您接受体验,我才能帮您办理投保手续。"这样很容易引起客户的反感。

保险公司这么多,客户不一定非要选择你这家公司。要想说服客户,保险销售员应该想一想正确的策略。

正确回应: ×姐,一台机器我们用个几十年也会出现很多毛病,如果不及时维修的话就会导致很多状况,更何况脆弱的生命呢?体检并不是一件坏事,况且投保体检还不需要您出体检费用,也就占用您一点时间而已。

面对客户在体检方面的异议,保险销售员最好不要一板一眼地解答客户的问题。有时,利用一些比较形象的比喻来阐述问题,更容易让客户理解和接受。

再者,保险销售员还可以利用身边老客户的例子来说服客户,消除客户对体检的抗拒。需要注意的是,在借用老客户说服客户时,不要随意透露客户的隐私和投保信息。

另外,保险销售员在说服客户的同时,应该主动帮助客户预约免费体检,以便客户及时了解自己的身体状况,进而通过核保流程。

情景 13

你们公司没有××公司好

在与客户沟通的过程中，当客户提出"你们公司没有 ×× 公司好"的异议，或者决定选择其他保险公司的产品时，保险销售员应该怎么办？

这时保险销售员如果来一句"你说的是 ×× 公司吗？他们的产品都是弄虚作假的，您千万别信"，或者感觉败局已定，干脆放弃，就会很快失去客户。

其实，客户说出这样的异议并不代表你没有希望，恰恰相反，客户是在给你机会。因为在客户真正付款之前，所有保险销售员的机会都是均等的，就看你如何应对。

正确回应：×× 先生，他们公司的数据的确比较高，但是这只是他们在销售时的预估数据而已。而我们公司更看重实际效果，我为您设计的保险计划，也都是根据您的需求量身定制的。

客户更满意其他公司的产品并不是什么大问题，关键在于保险销售员如何对待。只要保险销售员拿出行之有效的办法，就有可能扭转乾坤。

沟通过程中，保险销售员要注意以下两个问题：

第一，不诋毁竞争对手。保险销售员一味地诋毁竞争对手，不但不能获得客户的好感，反而会让客户距离保险销售员越来越远。保险销售员应当谨记，没有什么东西会比真诚更能赢得客户的关注。

第二，找出保险产品的亮点。当客户认为其他公司比较好时，最有效的应对方法就是，加深客户对你的产品亮点的认识和理解，吸引客户对保险产品的关注。

情景 14

我还要还房贷，现在没钱

客户对产品很满意，但是因为房贷、车贷的压力，没富余的钱买保险，这是很多保险销售员曾经遇到过的情况。在这种情况下，保险销售员常常会犯的错误就是被客户带偏，和客户一起陷入房贷、车贷的烦恼之中。

甚至有些保险销售员还会这样回复客户："××先生，您家每个月的房贷多少钱？其实这份保单的保费一点也不贵，真没多少钱。"这种回复只会让客户觉得，保险销售员认为他没有钱，看不起他，进而对保险销售员更加反感。

正确回应： ××先生，我能理解您，房贷对于一个家庭来说真的非常重要，不过这个事情也要灵活处理，您觉得呢？更何况，保险产品不仅是一份保障，还能为您带来回报，这其实是在无形之中减轻您的压力啊。

客户说要还房贷的原因有很多种，可能是不想购买保险的借口，可能是为了得到更多的优惠。总之，遇到这种情况，保险销售员不能一概论之，而要针对不同的原因，采取适当的处理办法。

如果客户只是拿房贷做借口，保险销售员可以运用自己的观察力，从客户身上或者周围环境中找到客户资金充裕的证据，并利用客户的自尊心进行引导。

不过，有些客户可能真的是因为没有还完房贷，拿不出资金来。针对这种客户，保险销售员不妨暂时放弃，不为难客户。这样，等到客户资金周转过来时，可能会首先想到你。

我的钱都买了股票

很多人都喜欢把钱放到股市里，期盼自己能够一夜暴富。面对这类客户，保险销售员很容易一时心急，言语唐突，触犯客户的底线。

比如保险销售员如果回复客户："买保险是绝对不会赔的，但是股票就不一样了，一旦股市大跌，您连哭的地方都没有，到时候后悔都来不及啊。"这种回答就很容易激怒客户，甚至引发争吵。

面对把所有积蓄都放进股市的客户，保险销售员应该用恰当的语言提醒客户，让客户认识到股票的风险性和保险的安全保障，进而帮助客户树立理性的投资理财观。

正确回应：把钱放在股市，可能会得到很高的收益。不过，股票买不到踏实和安宁。这样时刻关注股市的行情，提心吊胆地生活，很容易降低您的生活质量。如果您从中拿出一部分钱购买保险，将风险转嫁给保险公司，这样您的生活岂不是更加舒心？

面对喜爱股市的客户，保险销售员可以采用以下两种办法劝说。

第一，以退为进。先赞同客户的看法和观点，缓和气氛。等到客户产生好感后，再想办法阐述自己的观点。

第二，先后顺序。保险销售员可以从购买保险和股票的顺序劝说客户，让客户明白保险能够保障健康、生活消费和养老这些基本生活需求。如果不先购买保险，那么即使购买再多的股票也不会踏实和幸福。

情景 16

保险期太长了，不划算

很多客户反对长期保险，他们认为保险期限太长，不但自己的钱会贬值，最后还会领回一堆没用价值的东西，所以他们觉得很不划算。

面对存在这种想法的客户，很多保险销售员要不就是非常生硬呆板，没有活力和朝气，要不就是指责客户的思维，甚至批评、教育客户。这样不但解决不了问题，而且还会让客户产生反感和怨恨。

大部分反对长期保险的客户，其实是对保险产品还没有正确的解读。因此，保险销售员应当放平心态，冷静地帮助客户分析长期保险的好处，进而真正地打动客户。

正确回应：××先生，您可以想一下，如果您现在只购买一款短期保险，等到期间到了，您要是再想购买，就会受到年龄的限制。即使那时您还可以购买保险，但是缴纳的保费也会贵很多。这样的话，您就失去自主选择保险的权利了，所以说这和长期投保的差别太大了。

面对客户"保险期太长，不划算"的想法，保险销售员正确的做法是帮助客户找到长期投保的利益。具体来说，保险销售员可以使用以下两种办法。

一是分摊法。年轻的时候买好长期保险，然后分期缴纳小额的保费，这样不仅分摊得比较低，而且经济压力没那么大，最终的收益也不会减少，客户得到的保障时间也比较长久。所以保险销售员可以用分摊法延长保险期间，让客户觉得长期保险非常划算。

二是数字推算法。保险销售员还可以站在客户的角度，为客户算一笔账。如果客户购买短期保险，不仅利率不会高，而且保额通常比保费低。另外，还可以告诉客户，其实保险公司比较喜欢客户购买短期保险，这样保险公司承担的风险比较低。一般客户听到这样的话，就能感受到你的真心，并为之心动。

情景 17

我不怕生病，我儿子养得起我

中国人的传统观点就是"养儿防老"，大部分父母遇到事情只会依靠子女。所以很多保险销售员销售产品时，经常会遇到认为买保险是多此一举的客户。这些客户觉得生病找自己的子女就好了，没必要买保险。

如果这时保险销售员用"都说养儿防老，但您看现在久病床前有几个孝子呢？孩子长大了，就有了自己的家庭，那时就没有太多的精力和资金照顾您了，所以您还不如自己买一份保险产品呢……"这种话刺激客户，伤害客户最亲的人，最终只会伤害到客户。

要想赢得客户的好感，保险销售员不妨换一个角度。比如从买保险可以减轻孩子的压力，体现父母对孩子的关怀这个角度来说，更能得到客户的理解和认同。

正确回应：×姐，您说的不错。不过其实买一份保险产品，就相当于您又多了一个"儿子"啊。当您年老生病的时候，这份保险虽然不能伺候您，但是它会给您一笔养老费啊。您不仅可以自由支配这些钱，还可以减轻孩子的负担，让他们能够轻松地生活，所以这既是您对自己的保障，也是您对孩子的体贴和照顾呀。

回应客户时，保险销售员还需要注意以下两点：

第一，不要激怒客户。保险销售员在沟通过程中，如果一味地强调子女不可靠，很容易激怒客户。尽管社会中存在很多这样的现实情况，客户基于自尊心也不会承认，所以就算保险销售员句句在理，客户也会觉得保险销售员的价值观和道德观存在问题。

第二，多多宣扬家和万事兴和父慈子孝的传统文化。从家庭和睦的角度回应客户，很容易加深客户家庭成员之间的感情。保险销售员要让客户感觉到，买保险是一种爱的付出，这样客户才会乐意接受保险销售员的观念。

情景 18

我的钱很多，不需要保险

很多客户在风光的时候，往往看不起保险产品。他们认为自己的人生中不会有"万一"，即使发生了"万一"，他们的钱也足够应付这些意外情况。当这些客户甩出一句"我的钱很多，不需要保险"时，一些保险销售员就不知道该如何应对了。

有些自作聪明的保险销售员这时还会逼着客户做决定，比如他们会对客户说："××女士，这么好的事情您还需要考虑吗？您现在赶紧做决定吧，要不然也对不起我在这儿费心为您讲解这么久啊。"

显然，这种回应下，客户不但不会顺应保险销售员的要求，立刻做出决定，反而可能被保险销售员吓跑。特别是对于一些脾气比较暴躁的客户来说，这种回应很容易点燃他们内心的"炸弹"。

正确回应：×总，您的钱永远是您的，但是您没有考虑过增加您的钱的价值吗？您现在拿出一部分钱配置在能够保护财产的保险上，这样有事保产，无事增产，岂不是一件两全其美的事情吗？

有钱的客户更在意资产的安全保障。因此保险销售员在遇到这类客户时，不妨告诉他们，钱也是需要保险的，用保险管理钱，钱才会安全，并且还会越来越多。

其次，保险销售员还可以用实例说服客户。有钱人经常会因为企业的发展忽视自己的身心健康，所以他们的身体更需要保险来保障。保险销售员可以用现实的事例告诉客户购买保险的重要性，以此警示客户。

情景 19

我想给家人买，但是家人不同意

不少保险销售员都遇到过这样的情况：客户的家人才是最终决策者，但是客户的家人又不同意购买保险，所以客户在一开始就不愿谈论过多。有的保险销售员往往企图联系真正的决策者，但是结局却总是不尽如人意。

因为客户一旦走掉，签单就变得十分渺茫。再者，就算保险销售员接触到客户的家人，也有可能会遭遇拒绝，这样一来，交易就变成摸不到的镜中花、水中月了。

其实，想要与这样的客户做交易，与其耗费精力和时间找客户的家人洽谈，不如照顾好眼下的客户，坚定客户的购买决心。

正确回应：××姐，您真是一位尊重家人的好妻子，我应该向您学习。但这款产品的作用是当您的家人发生意外时，能有足够的医疗费用和家庭保障费用。如果您让家人来评价这款产品的话，相信您的家人也会十分为难。说好吧，可能他会觉得受益的前提是他发生意外；说不好吧，万一真发生什么，他又会后悔不已。所以我感觉像您这么贤惠的妻子，肯定不愿意用一份保险来为难家人吧。

通常，客户的决策权并不是保险销售员需要考虑的问题。保险销售员在销售过程中，要做的无非是尽自己所能打动客户，使其变被动为主动。只要客户拥有足够的热情，就会同意购买保险产品。

沟通时保险销售员还需要注意，在一开始就强调某个保险产品的卖点，让客户对保险产品留下深刻的印象。另外，还可以适当给客户一点"小诱惑"，让客户看到自己能获得的利益。如果这些利益能吸引客户，客户就会很快与你展开互动。

情景 20

命都没了，要钱做什么

　　很多人都觉得保险没有用，甚至觉得买保险很忌讳。他们往往认为家庭比较富裕，根本不用买保险，再说如果真的有意外，命都没了才赔，自己也用不上，所以保险没有一点儿价值。

　　有些保险销售员在面对有这种想法的客户时，经常会莫名心情烦躁，甚至会不小心嘀咕出类似"就你这样的人，活着也没什么用"这种话来。他们总以为客户听不到这些话，但事实上这完全是惹祸上身的做法。

　　脾气好的客户可能虽然听到了，但不屑于计较，但脾气不好的客户很有可能会因此发怒，或者做出一些偏激的行为。因此，保险销售员一定要谨慎对待这种情况。

　　正确回应：××先生，您想想您的父母含辛茹苦把您养大，总是把最好的给您，他们为的是什么？还不是希望自己的儿女能有出息，家庭和事业都可以好好的。除此之外，他们更希望到了晚年可以得到儿女的照顾，可以安心享受天伦之乐……

　　面对有"命都没了，要钱做什么"这种想法的客户，保险销售员可以尝试打一张亲情牌，真诚地向客户诉说父母的期望，从而激发客户的家庭责任，让客户认识到购买保险可以为父母和家庭提供一份高质量生活的保障。

　　另外，保险销售员还可以从自尊的角度出发。比如保险销售员可以告诉客户，购买保险只需要每年缴纳一点点保费，万一有一天发生意外，客户急用钱的时候，保险可以为客户救急，让客户更有尊严地活着。

情景 21

投保容易理赔难

很多客户受到周围亲朋好友理赔难的影响，对保险有一定的偏见，碰到保险销售员时，他们会本能地排斥保险销售员的推销行为。有些客户甚至还会说出很多难听、不堪入耳的话。

在这种情形下，有些保险销售员可能会因此着急上火，对客户大发脾气，甚至会说出"我从来没有见过你这么不识好歹的人"这种过分的话。很显然，这种情绪失控的表现会让客户更加反感保险、排斥保险销售员。

正确回应：××女士，我理解您的意思，确实很多人都觉得理赔难，但这大多都是投保时留下的隐患。一方面保险销售员没有认真说明合同条款，另一方面有些客户对保险合同的认识也不够深刻。不过您放心，我会详尽为您介绍所有的合同条款，您有什么不明白的我都会细心为您解答，您需要做的就是听从自己内心的决定。

客户之所以对保险印象不佳，是由多种原因造成的。比如有些保险销售员故意夸大保险的作用和保障范围，投保人没有深入了解保险条款等。保险销售员要想解决问题，首先要了解原因，然后再采取相应的措施。

首先，保险销售员要承认错误，给客户留下讲诚信的好印象，从而获得客户的好感和信任。

其次，保险销售员要耐心向客户讲解投保的流程和保险合同条款，让客户理性地认识到保险产品能产生的利益，从而消除客户的异议。

情景 22

我只要基本保额，不需要高额全保

很多投保的客户受固有思维定式的影响，对保险产品存在着一定的疑义。他们经常用怀疑心态看待保险销售员提出的高额投保要求，最终只选择最基本的保额。

这时，保险销售员很容易为了引导客户投高保额、多险种，而轻易地向客户保证太多不切实际的东西。此外，还有一些保险销售员会因为客户的坚持而情绪不稳定，将坏情绪发泄到客户身上，直接反驳客户或者对客户冷嘲热讽，这些行为都很容易引起客户的不满，甚至对自己的工作造成不良影响。

要想真正解决问题，保险销售员不妨暂时放下自己的坏情绪，尝试用下面的方式回应客户。

正确回应：××先生，您别误会，我为您设计的这份保险计划并不是从我自己的利益出发的，而是根据您的需求量身定制的，最终目的就是让您和您的家人得到全面的保障，保证未来的生活可以衣食无忧。当然，是否要降低保额或者减少险种，都是您根据自己的实际情况和面临的问题来做决定的。

投保客户做出"只要基本保额，不需要高额全保"的选择，原因无非有以下三种：

第一，投保客户不够了解保险计划。很多客广因为对保险不够信任，所以他们宁愿先买一个便宜的保险产品试一试，如果划算才会考虑其他的选择，不然他们是不会放心一下就买一个高额全保的保险的。

第二，投保客户认为保额无论高低，只要有保险就好。一部分客户认为自己的经济压力比较大，所以没有必要节衣缩食购买一份高额保险，降低自己现在的生活质量。再者，他们对保险没有充分的认识，简单地认为只要有保险就万事大吉了。

第三，投保客户对保险存在异议。很多投保客户认为保险就和衣服一样，有钱就可以买高档的衣服，没钱就只能买地摊上的衣服，所以他们会觉得高额保险是为有钱人准备的，和他们这些普通人是无缘的。

针对这些原因，保险销售员可以从以下角度劝服客户：

其一，从客户的利益出发否定客户。当客户对高额保险存在异议时，保险销售员不要一味强硬地反驳客户，而要从客户的切身利益出发，直接表达出高额保险对客户的好处。一旦客户看到保险销售员的真诚和恳切，就会逐渐信任保险销售员。

其二，为客户量身打造完美、理想的保险计划。保险销售员在销售过程中，要始终站在客户的角度上思考问题。当客户对保险销售员的保险计划提出疑问时，保险销售员应当根据客户的实际情况，为客户制定一份能够解决客户问题、满足客户需求的保险计划。这样客户才会被你的保险计划吸引，从而产生购买高额保险的欲望。

情景 23

我已经买过保险了

日常展业过程中，客户拒绝的理由五花八门。其中，一些客户会用"我已经买过保险了"这种看似无懈可击的方式拒绝保险销售员。而很多保险销售员在面对客户这样的拒绝时，往往不知道该如何处理。

有些保险销售员可能会继续耐着性子，用乞求的语气和客户交流，企图再拿下一单，但这种方式到最后几乎无法改变客户的想法。还有一些保险销售员被拒绝后，会直接选择放弃，以致错失签单的机会。

其实客户的拒绝是在所难免的，保险销售员要做的就是用积极的心态化解客户的拒绝。当客户说自己已经购买了保险产品时，保险销售员可以用以下话语回复客户。

正确回应：是吗？那太好了，恭喜您。不过，相信经过这么多年，您的身份和地位已经提升了很多，所以您的保障金额也应该做些调整，才能匹配您如今的身份和地位。这就好比大人不能穿小孩的衣服一样，您觉得呢？

当客户拿已经买过保险为理由拒绝保险销售员时，保险销售员要做的就是让客户明白，你所推荐的保险险种和客户已经购买的险种是相互补充的关系。

多买一份保险是给自己和家人一份更有利更全面的保障，所以客户购买的险种与保险销售员推销的险种并不是对立或者冲突的关系。只有让客户认识到这一点，保险销售员才能说服客户，顺利签单。

情景 24

生死都由命

　　日常生活中有这样一些人，他们相信生老病死都是命中注定的，即使发生意外，也是造化弄人，自己根本无能为力。因此，当保险销售员向他们销售保险时，他们总会甩出一句"生死都由命"来拒绝保险销售员。

　　面对有这种想法的客户，如果保险销售员死缠着客户不放，不仅拿不下签单，还会让客户再次产生警惕心理，认为保险销售员在诱骗自己。这样一来，客户签单就变成一件更不可能的事情了。

　　通常，存在"生死都由命"这种想法的客户，大部分心理都比较消极。遇到这样的客户，保险销售员千万不能和客户一样消极，而要采取正确的处理措施。

　　正确回应：××女士，如果您知道未来的某一天您需要花费 100 万元的医疗费，您是会把这 100 万元存在银行，任何人不能动用，还是会找个机构，每年缴纳 2.5 万元，生病时可以立刻获得 100 万元的医疗补助金？

　　面对态度比较消极的客户，保险销售员可以利用实际情况来说明保险的重要性，让客户认识到保险产品其实就是提前分期付一笔钱，等到有用的时候，保证客户可以及时得到一大笔补助金。一旦客户认识到这一点，他们就会逐渐认可保险，并及早购买保险产品。

　　需要注意的是，保险销售员不要一味地否定客户的观点。因为客户的某些观念已经根深蒂固，一时之间很难彻底消除他们的消极心态。如果客户过分依赖神灵，不妨告诉客户依赖神灵的人很多，所以神灵有时难免分身乏术。而在信神灵的同时信保险，用保险照顾人类的病痛和生死，就会获得更多的保障，这样更易于让客户接受保险。

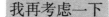

情景 25

我再考虑一下

保险销售员经常会遇到这种情况：自己费尽心思为客户介绍保险产品，客户却犹犹豫豫不肯签单，若保险销售员死咬着客户不放，客户就会用"我再考虑一下"这样的借口敷衍保险销售员。这时，如果保险销售员对客户说"好吧，那您再考虑考虑，等您考虑好了再联系我"，那么客户肯定会满脸笑意把你送出门外，然后再也不会联系你。

保险销售员要明白，当客户提出考虑一下时，其实表明他们的购买欲望大大下降了。在这种情况下，保险销售员要做的是主动出击，重新唤起客户的购买欲望，这样成交的概率才会增加。

正确回应：我为您选定的这款保险产品，是根据您自身的实际情况规划的。当然，最后如何选择是由您来决定的。不过，在这之前，我想听听您的想法，如果您对我们的服务或者产品有异议大可以说出来，这样我们才能有效改进，并帮助您解决问题呀。

面对客户需要考虑的情景，如果保险销售员直接回答客户，很容易让谈话陷入困境。最好的办法是通过询问，让客户说出自己的想法。当保险销售员了解了客户真正的异议点时，就可以采取相应的对策化解客户的疑虑，进而达成交易了。

需要注意的是，无论在何种困境下，保险销售员都不要轻易放弃。有困难就要及时处理，及时解决。如果能在销售过程中帮到客户，客户必定会被你的真诚和热情感染，并加深对你的认可。即使最后客户没有购买你的产品，也会乐意结交你这个朋友，并把自己的亲朋好友推荐给你。当你的客户圈因此越来越大时，你的业务开展起来就更容易了。

情景 26

小孩已经长大，可以自立

当保险销售员面对的客户身份是家长时，如果客户认为孩子已经具备抵抗各种风险、处理各项问题的能力，然后用"小孩已经长大，可以自立"这种说法拒绝你，你会如何处理呢？

如果你对客户说："不管多大，都难逃生老病死，所以小孩也需要买保险呀。"客户八成会认为你盼着他家孩子出事，然后把你请出门外。

中国人一向比较忌讳谈生死，要想改变客户的想法，保险销售员应该使用比较温和的语气引导客户，让客户意识到，当风险来临时，人类是多么脆弱，无论孩子是否自立，都无法承担风险导致的后果。最后回归到保险的功能和意义上，让客户明白保险能带来什么。

正确回应：那挺好的，您现在就不用操心太多了。不过，如果我说孩子长大了就不需要保险了，那就是我对您和您孩子不负责任了。孩子进入社会后并不代表他不需要保护了，因为孩子在社会上的责任会更多，比如娶妻生子、赡养父母等。孩子的角色转变带来的是更多的风险隐患，而保险虽然阻止不了风险的发生，但却可以发挥一部分经济作用，从而保障家人的基本生活。

在沟通过程中，保险销售员要想引导客户为孩子投保，可以从以下四方面考虑：

第一，未知风险很可怕。我们生活在自然和社会中，必然受到不可控因素的干扰。一旦风险发生，其后果不可想象。

第二，能力有限。自立后的孩子需要靠自己的力量面对人生中的各项考验，而那些不可控的风险一旦来临，孩子凭借一己之力根本无法抵挡。再者，即使父母可以护孩子一时周全，也不能护孩子一世。

第三，投保越早越有利。年龄越小，需要缴纳的保费越少。另外，越早买，就越早获得保障，保障期就越长，后期的收入也会越大。

第四，保险的功能和意义。保险就是用今天的钱换有保障的未来。当风险发生时，保险不仅能承担部分经济费用，还能体现一个人的责任感。另外，保险销售员还要告诉客户，保险不是任何人在任何时候都能买到的，只能在危险尚未发生的安全时期购买。当危险发生时才想起保险，为时已晚，因为那时已经丧失了购买保险的资格。

情景 27

这么贵的保险，你们肯定拿了不少佣金吧

很多客户对保险行业存在很大的误解，之所以有这种误解，主要是因为客户对保险行业的认识不够充分。

在销售过程中，如果保险销售员和客户产生直接涉及利益的冲突，最好的办法就是保险销售员详细地说明客户所提出的问题，用行业准则告诉客户保费是不会被保险销售员扣掉的，同时要让客户知道保费是如何计算出来的，从而彻底消除客户的顾虑。

比如，当客户说出"保险销售员都是骗钱的"这种话时，保险销售员可以采用以下语言回应客户。

正确回应：××先生，您误会了。我们的保险佣金明明白白写在法律条款之中，我们得到的劳务报酬都是保险公司发给保险代理人的委托手续费，并不是从保费中扣除出来的，所以您大可放心。再者，您的保费是根据入保的保险类型对应的价值和它对应的责任额度换算出来的，绝对不会涉及其他东西的。

关于佣金这种比较敏感的话题，保险销售员需要掌握的一个原则就是摆事实讲道理。如果客户把保险销售员认为是挣他们钱的人，就证明客户把保险销售员放在了对立面。因此，关键是让客户明白，产品的价格是由它的自身价值决定的。

当客户产生认同感后，保险销售员还可以适当对客户倾诉。比如对客户说："希望您能理解，我们挣钱也不容易。我们每天身上都背负着很大的压力，有时候还要跟一个客户好几个月甚至一年以上，再加上我们这行纳税又很多，所以我们挣的都是血汗钱呀！"

这种倾诉是为了让客户产生同理心，让客户明白保险销售员赚钱有他们赚钱的理由，从而让客户正确看待保险销售员这个职业。

情景 28

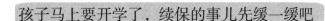

孩子马上要开学了，续保的事儿先缓一缓吧

保险是一种长期盈利的储蓄产品，需要保险销售员主动提醒客户续保。但在实际工作中，保险销售员会遇到客户以各种理由来延长或者拒绝续保。比如"孩子马上要开学了，续保的事儿先缓一缓"，就是客户拒绝续保的理由之一。

保险销售员面对这种拒绝理由，应该怎么回复呢？是不耐烦地一催再催，还是生气地对客户说："如果再不交保费，后果自负，到时候可别怨我没提醒您。"聪明的保险销售员肯定知道，这两种方式不但不能说服客户，反而还会激怒客户。

客户的所有行为都有一定的道理，保险销售员在劝服客户时，应该努力寻找客户拒绝续保的真正原因。当保险销售员了解到客户的难题之后，才能采取相应的措施为客户化解困难，进而成功收取客户的续期保费。

正确回应： ×× 女士，我很理解您这种情况，可是缴纳保费是一件很严肃的事情，您首先要想清楚逾交保费的严重性。您现在交上保费还来得及，如果两个月之后还没有交上，那您的利益就会受到损害。真到了那个时候，我作为您的保险代理人也会十分羞愧，因为我没能保障好您的利益不受损害，这也是我的失职。

缴纳保费是一个漫长的过程，所以保险销售员一定要重视客户的续保问顾。面对续保产生懈怠、厌倦心理的客户，保险销售员要及时为客户敲响警钟。在提醒客户续保时，保险销售员还需要注意以下两点。

第一，语气委婉。劝诫客户续保时，保险销售员要注意自己的语气，不要让客户觉得你是来要账的，而要让客户体会到你是在为他们着想。

第二，谨慎对待。当客户产生懈怠心理后，保险销售员应该拿出谨慎的态度与客户交流，让客户在无形中感受到这件事情的严肃性。比如保险销售员可以告诉客户："×× 女士，合同条款上写明保费的宽限期只有两个月，如果您在此期间未能及时交保费，不仅合同会终止，您的财产也会受到损害，所以我劝您及时缴费，以免产生不必要的负担，您说呢？"

情景 29

你自己投保了吗

在日常销售中，保险销售员可能还会遇到客户询问保险销售员是否投保的情况。保险销售员面对这个问题，如果告诉客户没投过保，那么接下来无论保险销售员怎么介绍产品，客户都很难与保险销售员成交。如果保险销售员自身的保险观念不强，那么客户很有理由怀疑保险销售员的销售目的。

事实上，几乎所有的保险销售员都为自己投过保，但是其投保的种类和数量肯定与客户存在差异。那么，在这种情况下，保险销售员应该如何表达，才能让客户认识到你所介绍的产品符合他自身的实际情况，并愿意掏钱购买你的产品呢？

正确回应：我当然购买了保险，而且还不止一份。您可以看一看，这是我投保的保险清单。当然，每个人的经济状况和自身情况都不一样，所以以我的实力现在获得的保障还不是很全面。而您的情况就不一样了，您现在还这么年轻，没有太多的经济压力，所以我建议您趁现在多买一些保障，这样您的未来肯定会比较轻松。

老话讲：说得好不如做得好。在劝服客户购买保险之前，保险销售员为自己投几份保险既是加强保障，又是说服客户的有力证据。当客户看到你的实际行动后，才有可能被你打动。

另外，保险销售员需要谨记，在整个销售过程中都要保持真诚的态度。要想最大限度地赢得客户的信任，保险销售员应该秉承真诚至上的理念，从客户的角度出发，为他们设计最合理的投保方案。

在这一点上，保险销售员可以从孩子需要安全、妻子需要支柱等多种角度出发，还可以结合一些投保受益终身的经典例子，让客户最大限度地相信你、认可你。再者，保险销售员在生活中要做到言行一致，这样你的语言才更具有说服力。

买保险不如存银行

存钱是中国人的传统观念，大部分人都会把多余的钱存在银行，因为他们认为银行是最有保障的地方。当他们面对保险销售员时，总会抱有质疑的态度，认为把钱放在保险公司没有银行安全，所以他们认为买保险不如存银行。

针对存有这种传统观念的客户，保险销售员应该如何改变他们的思想和态度呢？是选择硬碰硬，与客户死磕到底，还是干脆放弃，寻找下一个目标？优秀的保险销售员肯定知道，这两种方法都不是成交保单的上上策。

固然，有些客户存钱的传统观念已经根深蒂固，很难轻易改变，但世上没有绝人之路，所有的问题都有解决的办法。遇到比较顽固的客户，保险销售员不妨试着顺水推舟，然后将话语权掌握在自己的手中，进而引导客户一起分析和思考。

正确回应：××女士，我很理解您的想法。我想您应该和大多数存钱的人一样，都是因为把钱放在银行，可以随时取用，比较灵活方便，所以才选择这种方式。但是您知道，现在通货膨胀比较严重，钱会变得越来越不值钱，所以您放在银行的钱可能会变得越来越少。从功能方面说，银行其实只有一个储蓄的功能，但是保险就不一样了，它除了可以储蓄，还有生命保障、医疗支付、全家安全等功能……

客户无论选择银行还是保险，无非是为了获得更多的收益。保险销售员在与客户交谈时，要学会利用保险的高额人生保障和收益好等特点去说服客户，提高客户的购买欲望，进而促成订单。

具体来说，保险销售员可以采取以下两种办法。

第一，顺水推舟法。面对客户"买保险不如存银行"的异议，保险销售员不妨顺着客户喜欢储蓄的爱好展开话题，引导客户了解保险既能储蓄又能保障的双重功能，满足客户的需求。这种方法是化被动为主动的一种重要技巧。

第二，优势取胜法。保险销售员可以运用保险和银行的不同之处说服客户，让客户看到保险具有免税和身价保障功能等优势。每个人都有趋利心理，保险的这些优势自然能成为吸引客户的力量。

情景 31

我整天不出门，不会有意外发生

当保险销售员向客户推销意外险时，可能会遇到一些风险意识比较弱的客户，这些客户认为自己只要闭门不出，就不会有意外发生，意外险对于他们来说完全没有必要。所以当他们面对保险销售员时，总会说"我整天不出门，不会有意外发生"。

一些经验不足的保险销售员面对客户的这种说辞，很容易乱了阵脚，不知道该如何应对。他们既怕自己继续纠缠下去会让客户厌烦，又怕放弃后自己会损失一份大单。殊不知，就在他们犹豫不决之际，客户已经在心中将他们否定了，保单的事情自然也就泡汤了。

其实，客户认为意外不会发生只是他们片面的认知，而打破这种认知的方法就是利用权威机构的数据进行说明，进而说服客户。

正确回应：其实意外无处不在，我们平时只能做到减少意外发生，而无法隔绝意外，您说是吧？这不，前两天我还看到国家安监局发布了一则消息，说每年在家中遭受意外事故的人数有 ×× 人，造成人身伤害和财产损失折合人民币 ×× 万元。

权威机构的数据往往会对客户产生重要的影响。保险销售员面对客户的质疑，不妨运用一些民众信赖度高的部门的数据，比如食品药品安全检测局、交通部、卫计委等。

在使用权威机构的数据时，保险销售员还可以将数据转化为图表的形式，通过图表来展现数据能消除数据说明的枯燥感。

此外，保险销售员还可以将险种获益的情况和权威机构公布的数据进行对比，让客户看到保险的获益情况高于官方数据，这种方法更容易让客户产生购买欲望。

我有社会保险了

　　现如今，很多企业都给员工购买了社会保险，很多人认为企业给自己买的社会保险已经足够保障人生中的风险，无须再花钱购买商业保险了。因此，保险销售员在销售中，经常遇到客户以"我有社会保险了"为由拒绝保险公司的保险产品。

　　针对这种情况，保险销售员不能将商业保险和社会保险对立起来，否则只能引起客户的不满，降低签单的概率。保险销售员应该以正确的态度对待商业保险和社会保险，承认商业保险和社会保险之间互相补充的关系，这样才能说服客户。

　　与客户交流时，保险销售员可以利用生活中的实际例子向客户说明，社会保险和商业保险之间并不存在冲突，进而让客户明白这两种保险是相辅相成的。具体来说，保险销售员可以采取下面的方式回应客户。

　　正确回应：社会保险是最基础的保障，您参加社会保险肯定是一个正确的决定。不过，您要知道，社会保险所获得的养老保险金是很低的，而且它给予的医疗报销也十分有限，所以如果您单纯地依靠社会保险保障您的生活质量，这是远远不够的。您看，商业保险就不同了，它不仅能保障您的生活水平，而且还能报销您生病住院的费用，与社会保险相比，它的保障显然更加全面，您觉得呢？

　　保险不是买一份就可以保障一生无忧，保险销售员要学会说服客户购买足够的保险，从而让客户所需要的保障范围更全面。在沟通过程中，保险销售员需要注意以下两点：

　　第一，做好各项准备工作。销售前，保险销售员需要做好准备工作，比如了解客户的投保情况，只有这样，保险销售员才能查漏补缺，设计符合客户需求的保险计划，并做好处理客户异议的准备。

　　第二，正视保险产品。社会保险提供的是基本保障，商业保险提供的是保障范围更细、更全的保障，只有将两者结合起来，才能构成全面的保障体系。因此，保险销售员在销售过程中，不能一味地贬低社会保险，夸大商业保险，否则只会引起客户的反感和不信任。

情景 **33**

以前没有保险也很好

　　一些客户觉得父辈们之前没有保险也过得很好，所以现在自己没有保险也照样能活得很好。他们的想法就是：保险无关紧要，没有也可以很好地生活。

　　针对存在这种异议的客户，保险销售员的工作重点是为他们分析现在生活中可能遇到的风险和意外，不过保险销售员在谈及这些风险时，一定要注意说话的方式，否则很容易惹恼客户，产生相反的作用。

　　正确回应：我能理解您的想法，毕竟世界上并不缺乏那些运气好的人。您看您面带福相，一看就是大福大贵之人。但是这并不代表没有保险也一定安全啊，风险任何时候都会存在的。前段时间，不是就有一个公交车司机被不知从哪刮来的残片弄伤了自己的眼睛吗？再说了，话说回来，买保险其实就是居安思危，不能出了事再买，您说对吧？

　　以前没有保险父辈们也过得很好，这一点让很多客户产生了侥幸心理。保险销售员在处理这种客户异议时，最重要的就是消除客户对保险的偏见，让客户认识到保险的重要性。但在交流过程中，保险销售员要注意以下两点：

　　一是避开敏感话题。生老病死是比较忌讳的话题，保险销售员在谈及这些话题时，表达要尽量委婉，易于客户接受和理解。沟通时，保险销售员可以使用第一人称，比如"我""我们"等词，拉近自己与客户之间的距离，从而减少客户的负面情绪。

　　二是态度要谦和。保险销售员不要因为急于签单而说话不加修饰，太过直接，让客户听起来不舒服，进而产生反感和厌烦的情绪。无论何种情况下，保险销售员都要保持谦和的态度，这样即使客户不买保险，也会在心里留下良好印象。

情景 34

给孩子买了就够了

父母对孩子的爱是无私的，他们总是把最好的东西留给孩子，并且无怨无悔地为孩子付出。然而，他们在为孩子考虑的时候总会忽略掉自己的需求，他们总是觉得只要孩子过得好，自己苦点没有关系。所以，保险销售员在销售过程中，经常会遇到存在"给孩子买了就够了"这种想法的客户。

面对这无可反驳的"天下父母心"，一些保险销售员可能会说："孩子长大了就不用管了，您自己的身体要紧，所以您得先照顾好自己啊。"这时客户肯定会回一句："不好意思，我的钱，我想买给谁就买给谁。"

保险销售员只有站在客户的立场上考虑问题，才能得到客户的认可。因此，面对以孩子为中心的客户时，保险销售员可以这样回答。

正确回应：×× 女士，您真是一位好妈妈，事事都为孩子着想。不过，您知道吗，中国人都说教育孩子要学会饮水思源。您为孩子购买保险其实就是为孩子的未来准备了一杯水，而您和您的先生就是这杯水的源泉。假如水源枯竭了，那么孩子就没有水可以喝了。因此作为父母，最重要的是要保护好水源，这样才能保证孩子有源源不断的水可以喝，您觉得呢？

当客户提出为孩子投保就可以了，家长没必要投保的观点时，保险销售员可以首先提出鲜明的反对意见，从而激发客户强烈的好奇心。然后再利用一个形象的比喻或者生动的案例，深入分析父母缺乏保障可能会对孩子造成的影响，这样更容易提高客户购买保险的主动性。

情景 35

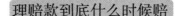
理赔款到底什么时候赔

客户购买保险时，看重的不仅仅是保费和收益，还有理赔的效率。理赔服务是售后服务的重要环节。

很多客户在事故发生后，都会不停地质问保险销售员"理赔款到底什么时候赔"。这时，如果保险销售员说一句"不好意思，您再等等，我们在走流程"，客户肯定会回一句"不好意思，一分钟也等不了"。

要想在售后环节让客户满意，同时给自己和保险公司塑造一个良好的形象，保险销售员就要有足够的耐心，认真、细致、贴心地办理理赔，处理客户的异议。

正确回应： ××女士，按照我们签订的保险合同，您生病住院期间的费用我们公司都会给您理赔的。您只需要提供一下您的医疗证明、诊断书、缴费凭证、身份证件，我就能为您办理好相关的理赔事宜。现在您安心养病就行了，我会随时向您汇报理赔进展的。

优秀的保险销售员在事故发生后，一定会在第一时间出现在客户面前，做到雪中送炭，以此来感化客户。要达到完美的服务效果，保险销售员可以按照以下流程处理理赔事宜。

第一，弄清理赔事实。保险销售员在着手解决事情之前，首先要搞清楚客户出现的事故是否符合理赔事实。如果符合理赔事实，保险销售员一定要在第一时间帮助客户办理理赔事宜。

第二，及时慰问。保险销售员及时的探视、慰问，有助于消除客户因为等待合同办理烦琐手续时产生的消极情绪。

第三，协助办理理赔事宜。一旦确认事故符合理赔事实后，保险销售员就要勇敢承担责任，协助客户处理好理赔事宜，从而让客户更加信赖自己。

我要退保

有些客户购买保险产品之后，常常因为各种理由要求退保，这对于保险销售员来说是一个非常棘手的问题。其实客户要退保的原因不在于产品本身，大多数情况下都是客户主观臆想出来的结果。

有些保险销售员深知这个道理，所以在客户提出退保时，经常拿出强硬的态度，坚决不予退保。不过，这种应对方式往往只能让双方的谈话进入僵局，甚至导致客户退保的要求更加强烈。

要想打消客户退保的念头，维护自身的利益，保险销售员到底该如何应对呢？

正确回应：××先生，您看这份保险不仅保费低，而且保障范围还非常全面，对于您来说也没什么经济负担，所以我觉得还是挺适合您的。您现在选择退保是不是遇到了什么难题啊，能不能跟我说说您的真实想法呢？是不是保障达不到您的要求，还是……

退保是保险销售员随时有可能碰到的问题，要想处理好这个问题，保险销售员就必须端正客户对保险产品的认识，并且掌握一定的方式方法。

首先，客户提出退保后，保险销售员要学会道歉。道歉是缓解紧张关系的好方法，不论造成双方关系紧张的原因是什么，道歉都能使氛围立马变得和谐起来。

其次，保险销售员要弄清客户退保的原因。解决问题要探究原因，从事情根源上着手。所以，保险销售员要多询问客户的想法，等到客户说出缘由后，保险销售员再根据具体情况采取相应的措施。

最后，在合理范围内帮助客户解决问题。保险销售员在服务过程中，要做到善始善终。对于坚持要求退保的客户，保险销售员可以为其制定更加符合其要求的其他产品，尽量做到能换保不退保，从而保证销售的利益。如果条件允许，保险销售员还可以适当给客户一些小安慰，比如赠送一些小礼品，提供一些附加服务等。